Introducción a la unidad cristiana

Introducción a la unidad cristiana

Carmelo Álvarez

ABINGDON PRESS / Nashville

INTRODUCCIÓN A LA UNIDAD CRISTIANA

Derechos reservados © 2010 por Abingdon Press

ISBN-13: 978-0-687-66063-6

10 11 12 13 14 15 16 17 18 19–10 9 8 7 6 5 4 3 2 1
HECHO EN LOS ESTADOS UNIDOS DE NORTEAMÉRICA

Contenido

Prefacio

$\mathcal{T}$odo libro tiene su historia, y éste no es la excepción. Es una muestra de mi caminar ecuménico en los últimos 44 años. Justo L. González, quien ha sido mi maestro, amigo y mentor por muchos de esos años, me obliga a poner por escrito un cúmulo de experiencias, vivencias y reflexiones. El propósito es tornarlas en un instrumento pedagógico que ayude a estudiantes de teología, pastores y laicos en las iglesias, y al público en general que se interese por el tema, a iniciarse en cuestiones que han sido polémicas y desafiantes.

Bajo el título *Introducción a la unidad cristiana* he querido provocar (en el sentido más positivo que se le pueda dar al término) la reflexión y el deseo en quienes lean estas páginas, para que se vayan adentrando en el tema. Algunos temas se van hilando hasta intentar ofrecer algunas pistas que logren incitar el compromiso y la acción hacia la verdadera unidad que necesita nuestro mundo. Hay una dimensión ética que amerita la consideración de todos y todas en este siglo XXI en que nos toca vivir.

Hay también un vivo deseo de resaltar la esperanza como antídoto contra la apatía, la indiferencia y el cinismo que predominan en muchos círculos sociales y políticos, incluyendo a las iglesias. No se trata de falsos optimismos, sino de una fuerza espiritual que sueñe lo imposible.

Dedico este libro a José David Rodríguez Rivera, mi suegro. Él ha sido mi segundo padre y mi primer maestro de teología. Ambas dimensiones han sido fundamentales en mi vida y ministerio. José David ha sido un sabio y diligente consejero, que con su propia vida y ministerio ha ejemplificado lo que es ser un servidor auténtico en el reinado de Dios y su iglesia.

La otra dedicatoria es para mi esposa, Raquel. El pasado 27 de diciembre de 2009 cumplimos 40 años de casados. En esas cuatro décadas hemos compartido alegrías y tristezas como misioneros en Latinoamérica y el Caribe, y en Estados Unidos. Nuestras diferencias teológicas han sido un acicate para el crecimiento intelectual, espiritual y vocacional. Ha sido un verdadero matrimonio ecuménico. Ambos nacimos en el seno de la iglesia, ella en la luterana, yo en los Discípulos de Cristo. En medio de nuestras diferencias, Dios ha sido nuestra compañía y nuestro aliento. ¡Y hemos aprendido con paciencia a cultivar el amor en nuestro peregrinaje ecuménico en la fe!

¡A Dios sea la gloria!

Carmelo Álvarez
1 de marzo del 2010

Introducción

Llamado a la unidad: Iniciativa de Dios

$\mathcal{E}$l tema de la unidad cristiana se basa en un principio fundamental: Dios es la fuente y fundamento de toda iniciativa de unidad. Es por la gracia de Dios que se afirma haber recibido la bendición divina y ser parte de su creación. De esta forma la humanidad comparte de esa fuente vital con toda la creación. Al reconocer este regalo amoroso de Dios los creyentes, varones y mujeres asumen en acto de fe el compromiso de luchar por la unidad. Dios llama y reclama una relación, y lo hace por múltiples medios. Sólo exige una obediencia que comienza con una respuesta que acepta el mandato para cumplir una misión. Es don y tarea con propósito, en una suprema vocación de servicio en el reinado de Dios. Ser creyente implica asumir riesgos y sacrificios, incertidumbres y dudas. Pero también significa vivir en constante apertura a nuevas conversiones.

Abrahán sale de su tierra sin rumbo, sostenido por la fe en Dios (Gn 12:1-5). El propio Jesús llega a situaciones límites en su condición humana, y pide la asistencia del Padre para culminar el supremo llamado de su vocación (Lc 22:39-46). Pablo experimenta un cambio radical en su conducta y compromiso, y se transforma en agente activo en la promoción de las buenas nuevas del reino

(Hch 9:1-20). Los caminantes a Emaús caminan presos de la incertidumbre y se les ilumina el entendimiento y la voluntad cuando experimentan la presencia del Resucitado (Lc 24:13-35). Estas experiencias apuntan hacia esa iniciativa de Dios desde el llamado hasta la obediencia en el compromiso. Todo se enmarca en la perspectiva del evangelio del Reino.

El pecado, fruto de la desobediencia humana, ha roto la comunión con Dios. Pero nuevamente Dios restablece la comunicación como Dios redentor manifestado en Jesucristo. Con la guía del Espíritu Santo se reconocen nuevas posibilidades. Hay un reconocimiento de que a través de la cruz, y culminando en la resurrección, hay un nuevo camino hacia la plenitud de vida en Dios.

La epístola a los Efesios 4:3 lo resume así: "solícitos en guardar la unidad del Espíritu en el vínculo de la paz". Por el Espíritu se mantiene esta constante búsqueda de unidad, hasta ese reencuentro con Dios que lo completará todo y lo volverá a reunir en sí mismo. En ese misterio es que caminamos hacia la unidad.

La unidad afirma la diversidad. Así se ofrece la oportunidad de reconocer diferencias válidas en diversidad de expresiones y opiniones. Se evitan así los autoritarismos y las hegemonías excluyentes, dando paso a la inclusividad, sin esconder los conflictos y los tropiezos. La unidad nunca es uniformidad. Busca aquello que es común y de consenso, sin falsas componendas ni acuerdos superficiales. Vive en una tensión creativa entre lo fundamental y lo accesorio.

Cualquier proceso hacia la unidad necesita afirmar la convivencia humana y la vida comunitaria. Hay que construir comunidad y puentes de comunicación. Los esfuerzos de unidad, también llamados proyectos ecuménicos, han promovido la cooperación y la participación en el compartir recursos de todo tipo. Se confirma así la insistencia bíblica hacia una nueva humanidad desde Génesis hasta el Apocalipsis, con nuevos cielos y nueva tierra aspirando a la plenitud de la justicia divina.

La unidad convoca también a la reconciliación. Desde la creación, pasando por el pacto y la restauración, rumbo a la redención y la consumación, Dios ofrece un camino hacia su amor. Solo falta la disposición en una fe confiada y obediente, de creerle a Dios, y creer en su reconciliación (2 Co 5:17-20). Sin falsos optimismos, ni soluciones simples. Hay conflictos profundos, fruto del pecado humano, que han erigido barreras de todo tipo que nos alejan de Dios y de nuestra convivencia humana. A fin de cuentas la verdad del evangelio consiste en afirmar la vida como regalo de Dios.

En este caminar hacia la unidad hay modelos, proyectos o propuestas que muestran lo provisorio y frágil de los proyectos humanos. Pero se deben asumir al menos tres convicciones teológicas básicas. En primer lugar, hay riesgos insoslayables, como lo demuestra la historia de Abrahán y su fe en Dios (Gn 12). La fe es imprescindible para abrirnos a lo desconocido y confiar en Dios. En segundo lugar, la búsqueda de unidad exige la búsqueda de la verdad, porque ella nos lleva a la libertad y la plena liberación (Jn 8:32, Ro 8). En tercer lugar, aunque caminemos con incertidumbres y dudas, como los caminantes de Emaús, hay que llegar al momento de la alegría pascual que confirma la fe y la validez del camino (Lc 24:13-49) hasta recibir la plenitud de la unidad que lleva a Dios. Para ello hay que cultivar el don del discernimiento, quizás el más importante para entender todos los otros dones (1 Co 12:10).

Con estas convicciones y principios es que se escribe este libro. Es una invitación a explorar, aprender, vencer prejuicios y obstáculos; sopesar y examinar, para formular nuestras propias apreciaciones y afirmaciones. Quien esto escribe ha participado activamente en el movimiento ecuménico desde su juventud. Lo que se ofrece aquí es un testimonio, acompañado de una reflexión, fruto de la experiencia de muchos años. Lo comparto con un espíritu cordial esperando que sirva de estímulo a creyentes que desean entender mejor el sentido de la unidad cristiana. El intento es fraternal y dialógico, abierto a la conversación y el aprendizaje mutuos.

El libro ha sido dividido en cinco capítulos. El primero ofrece las herramientas conceptuales básicas que serán utilizadas en todo el libro. En el capítulo dos se plantean y describen algunos modelos de unidad que han predominado en la discusión ecuménica, particularmente en el siglo XX. El capítulo tres es una visión histórica panorámica del desarrollo del movimiento ecuménico en los siglos XIX y XX. Se privilegian los hechos en Latinoamérica y el Caribe y en los movimientos cristianos hispanos en los Estados Unidos.

A partir del capítulo cuatro se destaca la importancia de la era global, particularmente a partir de la segunda mitad del siglo XX. Surgen temas que han desafiado al movimiento ecuménico desde esa dimensión global, como iglesias constructoras de paz. El capítulo cinco subraya cuáles son los desafíos que las iglesias confrontan en la transición a la esperanza desde una opción evangélica. Finalmente, se concluye volviendo a recalcar el peregrinaje en la fe hacia la unidad, la iniciativa de Dios que invita al camino de unidad hacia el amor.

1
Caminos de unidad:
Fundamentos bíblico-teológicos

$\mathcal{E}$ste capítulo pretende ofrecer algunas pistas básicas que fundamenten bíblica y teológicamente lo que entendemos por la unidad cristiana. Algunas preguntas básicas nos pueden ayudar en este intento: ¿Qué implica afirmar la creencia en Dios? ¿Qué significa la unidad en la diversidad, a partir de la Trinidad? ¿Qué conlleva afirmar que Jesucristo es señor y siervo? ¿Cuáles son algunas de las imágenes de la iglesia que enfatizan la unidad? ¿Cuáles han sido algunos de los modelos de unidad más sobresalientes e influyentes? ¿Cuáles son las bases bíblicas y teológicas para el ecumenismo? ¿Cómo promover la unidad en la iglesia y en el mundo?

Dios: Unidad y diversidad

Cuando afirmamos la unidad de Dios partimos de la afirmación básica del Dios uno, fuente de toda vida y existencia. Estamos refiriéndonos al Dios uno de la tradición judeo-cristiana. El punto clave aquí es confesar al Dios uno, cuyo nombre intentamos pronunciar en metáforas, con lenguaje provisorio y limitado, pero necesario. A ello le siguen algunas de las afirmaciones más audaces registradas en la fe bíblica, particularmente en el testimonio de los profetas: Dios es santo, amoroso y justo. De allí se desprende el monoteísmo ético, resumido en las palabras contundentes de Miqueas 6:8.

Oh hombre, él te ha declarado lo que es bueno,
Y ¿qué pide Jehová de ti? Solamente hacer justicia,
y amar misericordia, y humillarte ante tu Dios.

La justicia de Dios está enmarcada en dos dimensiones complementarias: un pacto amoroso y gratuito, y la ley de amar a Dios y al prójimo. Así se encierra todo el significado de un Dios que se relaciona, que es personal, que se preocupa por el destino de su creación. En este sentido Dios no es ni neutral ni impasible.

Conocemos a Dios por su presencia misma, misterio del mundo y de nuestra vida. Decir misterio significa reconocer su trascendencia sin perder su inmanencia, y a ello le sigue la fe: creer, afirmar, confesar, dar testimonio de su existencia como realidad envolvente. Para la teología bíblica Dios es uno (Dt 6:4). El *Shema* expresa: "Oye, Israel, el Señor tu Dios, uno es". Es el Dios creador, redentor, sostenedor y consumador.

A partir de estas aproximaciones, la fe cristiana elabora la creencia en un Dios trino. El punto de partida es confesar al Dios trino, uno y diverso, tres personas. Este misterio trata de exponer algunas verdades que la iglesia quiso formular. De allí se desprenden doctrinas claves que sustentan la fe cristiana. Sus formulaciones derivan en conceptos teológicos claves en la elaboración de una teología de la unidad. El hecho mismo de afirmar la diversidad en la unidad ya se constituye en eje central de esta teología. La Trinidad es modelo relacional, analogía social que promueve la comunión solidaria y la pluralidad. En su propia íntercomunión e intercomunicación la Trinidad da ejemplo de la forma en que desde la economía divina se nos enseña una dimensión ética. Ello ayuda a promover valores de igualdad, equidad, justicia, dignidad y protección a sectores postergados de la sociedad. De igual forma subraya la posibilidad de promover lo diferente como positivo sin destruir lo convergente.

La Trinidad es mucho más que una doctrina. Es una afirmación de fe que subraya una estrecha relación amorosa de Dios con su pueblo, personal y real. Es comunión de vida que modela nuestras relaciones y nos mantiene en profunda comunión con Dios. Dios, manifestado en tres personas, se hace vulnerable por amor a la humanidad a fin de llevarla a la plenitud de su amor. A fin de cuentas cuando la iglesia se congrega para adorar e invoca el Dios trino lo hace como respuesta a ese amor, don de Dios.

La iglesia primitiva proclamó a Jesucristo como Señor y siervo, a partir de su encarnación y resurrección, reconociendo que es en esa relación única en la Trinidad que podemos reconocerlo como Señor (Flp 2:5-11). La epístola a los Filipenses ha sido considerada como un gran mensaje de fraternidad y regocijo, basado en la realidad del Cristo encarnado, presente por el Espíritu, forjando una comunidad por el mismo Espíritu. El capítulo dos de Filipenses enfatiza varios elementos relevantes sobre la unidad. Los primeros cuatro versículos refuerzan ese motivo central que Pablo ha expresado: A pesar de la cautividad y alejamiento, el afecto y la fraternidad alientan un deseo de unidad en Cristo que contagia y da gozo. Se sustenta en la humildad para que la comunidad tenga sentido en Cristo.

Jesucristo transita de la preexistencia divina a la condición humana, para en obediencia redimir a la humanidad por el sufrimiento en la cruz (Flp 2:5-8). Esa dinámica divina nos habla de un poder distinto (Flp 3:20-21) que no se aferra como déspota a su trono celestial, sino que se despoja para encontrar a la humanidad en su propio dolor y sufrimiento, para desde allí redimirla y liberarla. Este rebajamiento y humillación lo hace Dios en Jesucristo para que los seres humanos se levanten de su postración y enajenación, y vuelvan su mirada hacia su gloria.

Ese abajamiento (*kenosis*) se traduce en servicio (Flp 2:7). La autoridad de Jesús reside exactamente en que siendo Dios ahora se humilla, y es exaltado para que se complete la justicia divina. El Dios de Jesús ama y actúa, es solidario y salva.

La obediencia con propósito se manifiesta en lealtad y fidelidad (Flp 2:8). No es ni terquedad ni masoquismo divino. Es sobre todas las cosas un señorío basado no en el incremento del poder, sino en la manifestación del misterio oculto hecho bondad. Así es como llega a su culminación la obra divino-humana de Jesús. Dios lo exalta como señor del cosmos no como figura tiránica, sino como la gloria manifiesta de Dios (Flp 2:9-11).

Ese señorío queda enmarcado en el evento de la resurrección que la iglesia confiesa y proclama (1 Co 15:1-8). La propia iglesia viene a ser una por quedar constituida por un solo Dios, expresado en la diversidad (Ef 4:4-6).

Ecumenismo: Conceptos y principios

Para entender lo ecuménico o el ecumenismo, es preciso abordar ciertos conceptos y principios básicos. La pretensión aquí es más pedagógica que polémica. Las palabras "ecumenismo" y "ecuménico" provocan reacciones muy diversas dependiendo de las opciones tomadas por aquellas personas que las usan. Se deslindan así campos apasionados no exentos de acusaciones mutuamente excluyentes y juicios antojadizos. Por esta razón es de vital importancia intentar recuperar su verdadero sentido y valor.

La palabra "ecumenismo" es una transliteración del vocablo griego *oikoumenikos*. Proviene de la raíz *oikos* que significa casa y es cercana a *oikía*, vocablo que significa la familia que vive en casa. De allí *oikoumene*, traducida habitualmente como tierra habitada, la más usada en los círculos eclesiásticos y teológicos.

La palabra *oikoumene* se empleaba antiguamente para subrayar la dimensión geográfica como tierra habitada. En el ámbito cultural se utiliza para describir el escenario de la actividad humana como la producción cultural, con creencias, costumbres, tradiciones y símbolos. Es el espacio donde se vive y se forja la vida humana. La dimensión política implicaba el mundo ordenado por la *polis*, el predominio imperial bajo la *pax romana*. La iglesia primitiva incorpora el tema al Nuevo Testamento, pero ahora como ámbito de la misión cristiana, promoviendo los valores del Reino de justicia, igualdad, paz y libertad. El término fue aplicado, además, para señalar acuerdos doctrinales y eclesiásticos, como es el caso de los primeros siete concilios ecuménicos, tan determinantes en definir posturas teológicas trinitarias, cristológicas y eclesiásticas.

Ninguna de esas decisiones estuvo exenta de polémicas y divisiones, incluyendo la defensa de la fe ortodoxa frente a las diversas herejías que fueron surgiendo. Ello sirvió para que la iglesia reafirmara sus posturas doctrinales e instruyera a sus feligreses en la fe. Además, el término "ecuménico" fue utilizado para designar jurisdicciones eclesiásticas, de las que las más conocidas hasta hoy son los "patriarcas ecuménicos" en las iglesias ortodoxas.

Estos principios influyeron notablemente en todas las discusiones ecuménicas de los últimos dos siglos e impulsaron proyectos específicos en movimientos conciliares y organizaciones ecuménicas y paraeclesiales. Incluso, en algunos círculos intelectuales y políticos el ecumenismo vino a ser aplicado como "ecumenismo secular" "praxis ecuménica" "ecumenismo amplio o macro", "humanismo ecuménico" sin necesariamente optar por una postura confesional religiosa. El interés principal de estas posturas no cristianas podría resumirse diciendo que optaban por la búsqueda de la liberación humana en la historia a nivel mundial.

En círculos eclesiásticos se enfatizó el ecumenismo como "unión entre los cristianos" o "ecumenismo espiritual", sin pretender necesariamente la unión orgánica o institucional. Hay quienes piensan en una "ecumene venidera" (Georges Casalis), esperanza en un mundo nuevo donde la humanidad pueda vivir reconciliada con el cosmos, en aquella promesa bíblica: "Pero nosotros esperamos, según sus promesas, cielos nuevos y tierra nueva, en los cuales mora la justicia" (2 P 3:13).

La unidad cristiana es sobre todas las cosas un proceso trabajoso, lleno de obstáculos y desafíos. Asume situaciones de conflictos, fruto de crisis históricas. Y reconoce fuerzas negativas y positivas que deben ser discernidas para afirmar la fe en Dios y la plenitud de su reinado.

A través de este libro trataremos de ir perfilando, y contextualizando, cómo estos conceptos y principios han sido aplicados, ampliados, reducidos, opuestos o eliminados. Esa es parte de la dinámica que impulsa este proceso tan complejo y trabajoso que implica adentrarse en los movimientos ecuménicos y de unidad. Además, hay una vertiente testimonial que se comparte como expresión concreta de una vivencia ecuménica de muchos años.

Imágenes de la iglesia

Esta sección pretende destacar algunas imágenes de la iglesia que han sido más influyentes en relación con la búsqueda de modelos de unidad. Estas imágenes arrancan de la propia vertiente del Nuevo Testamento y la influencia del Antiguo Testamento, pasando por multitud de interpretaciones formuladas por diversas tradiciones cristianas a través de la historia. Las imágenes más influyentes en los movimientos de unidad son: pueblo de Dios, cuerpo de Cristo, unidad en la diversidad, comunión solidaria y comunión del Espíritu.

En la teología se habla de las marcas de la iglesia, tomando expresiones usadas por el Nuevo Testamento para afirmar que la iglesia es una, santa, católica y apostólica. No cabe duda que así se formuló, más que una elaboración teológica, una práctica litúrgico-confesional que guiaba la vida de la iglesia.

Para los propósitos de nuestro tema sobre la unidad cristiana destacamos que estas imágenes y marcas de la iglesia han ocupado un lugar prominente en los diálogos ecuménicos. La unidad destaca la comunión fraternal con Dios a través de Cristo en la acción del Espíritu, como lo atestigua un texto clave en Efesios 4:4-6. Subyace una confesión básica en la manifestación amorosa del Dios trino. Además, se proclama que por la presencia del Dios trino este Cristo es cabeza de la toda la creación (Col 1:18). En los diálogos ecuménicos se ha hecho un gran esfuerzo por no sólo tener pruebas bíblicas, doctrinales, históricas y teológicas, sino también buscar un eje central hacia donde propende la identidad cristiana: La acción redentora de Dios manifestada en Jesucristo. La aceptación de la diversidad que promueve la unidad posibilita el reconocimiento, la tolerancia, la pluralidad y la diferencia como algo que Dios quiere. ¡Y requiere también una gran dosis de humildad! La búsqueda de la verdad en amor es signo y promesa de la unidad que ya ha comenzado a ser una realidad en la vida de las iglesias.

La santidad y apostolicidad de la iglesia se remiten, en la discusión ecuménica, a la comunión de los santos (separados para una misión) y su misión en el mundo confirmada por el llamado apostólico de ser servidora del reinado de Dios en su Misión. El tema de la santidad de la iglesia a través de los siglos ha llevado a extremos de rigorismo ético y a un moralismo muchas veces excluyente y legalista. Por otro lado, como reacción a la doctrina de la santidad, se ha llegado a un relativismo tan extremo que permite toda opinión y conducta sin parámetros teológicos ni éticos.

La apostolicidad ha girado sobre los fundamentos sacramentales e institucionales de las iglesias con referencia al núcleo apostólico del Nuevo Testamento y su interpretación. Aquí pueden destacarse dos extremos: De un lado, el principio restauracionista que concibe la iglesia como entidad u organismo que ha perdido su vitalidad originaria o se ha desviado de su misión esencial y necesita ser restaurada. Del otro lado, una concepción sacramental que apunta a la visibilidad de una estructura burocrático-litúrgica que a pesar del pecado humano y de las desviaciones, insiste en la dispensación de la gracia divina en el cuerpo que es la iglesia. Existen, por supuesto, posiciones intermedias que propugnan la necesidad de reformar la iglesia continuamente y la centralidad de la palabra y los sacramentos, donde el evangelio es proclamado y esos sacramentos administrados.

La catolicidad de la iglesia ha sido muchas veces confundida con el universalismo dominante, dependiendo de la tradición eclesiástica escogida. Pero ha sido retomada como la afirmación de una eclesiología más inclusiva e integradora, sobre todo al reconocer la existencia de la iglesia en todos los rincones del mundo con diversidad de expresiones y tradiciones.

Quisiera destacar dos interpretaciones sobre la catolicidad de la iglesia que nos parecen muy sugestivas. La primera es la reinterpretación hecha por Justo L. González (teólogo metodista), recurriendo a la propia historia de la iglesia y algunas corrientes teológicas. La otra reinterpretación es la de Robert Streiter (teólogo católico-romano) y su recuperación de lo que él llama "la nueva catolicidad" y sus implicaciones en el contexto global actual.

Para Justo L. González el término "catolicidad" logra su vigencia cuando se afirma una variedad de perspectivas, como acontece en el Nuevo Testamento y en los credos ecuménicos (particularmente Niceno y Apostólico, además de otros) de los primeros siglos del cristianismo. El tema fundamental aquí no es sencillamente la afirmación de la universalidad de la iglesia, que tiene que ver con la dimensión geográfica, con la *oikoumene* como todo el mundo habitado. La universalidad por sí sola tiende hacia la "uniformidad doctrinal y estructural". Pero catolicidad no debe confundirse con la mera universalidad, pues cuando el tema se limita a lo geográfico se pierde el carácter inclusivo, diverso y múltiple que es esencial en la verdadera catolicidad. La catolicidad de la iglesia es reflejo de la comunión recíproca en el seno de la Trinidad. La Trinidad se concibe como unidad comunitaria y solidaria, como manifestación plena del amor de Dios. Estas dimensiones de la Trinidad han sido ideas predominantes en la teología ecuménica del siglo XX, de manera muy particular en las discusiones de diversas comisiones y programas del Consejo Mundial de Iglesias.

La *oikoumene* incluye las diversas zonas geográficas del mundo: norte, sur, este y oeste—todas ellas diferentes. Así también se evita la trampa ideológica de confundir la universalidad con la uniformidad (González, 2004:59-79). Estas clarificaciones tienen una importancia crucial al reconsiderar en el siglo XXI no sólo una perspectiva inclusiva y pluralista sobre la unidad y su vigencia ecuménica, sino también el reclamo de confesar una fe católica evangélica en los tiempos de la globalización.

Para Robert Streiter la "nueva catolicidad" debe entenderse desde el desafío de la globalización, particularmente desde 1989. Se asume la realidad de la globalización como una revolución tecnológica, informática, cultural y económica. El mundo se ha transformado en una aldea global. Lo ecuménico incluye la dimensión local y la global en la misión de Dios. Streiter (Streiter, 1997: 116-133) subraya que el principio de catolicidad implica una visión de totalidad e integralidad.

La palabra de Dios se dirige a todas las culturas con sus diversidades y diferencias. La inculturación del Evangelio asume una dimensión de intercomunicación cultural donde la integridad de ese mensaje evangélico interactúa con las culturas sin perder sus distintivos. Streiter acuña, entonces, un nuevo término, "glocalización", que pretende ilustrar y visualizar la importancia de esas dos dimensiones integradas.

La nueva catolicidad invoca un principio de totalidad inclusiva, en la plenitud de la fe, en un modelo de intercambio cultural y de comunicación. La discusión se ha ido ampliando tanto a nivel filosófico-cultural como teológico, particularmente en Latinoamérica, utilizando el término "interculturalidad" como principio de reciprocidad, diálogo e intercambio cultural, desde la diversidad de las culturas y las religiones.

La iglesia, pueblo de Dios

Esta imagen de la iglesia como pueblo de Dios tiene como trasfondo la experiencia del pueblo peregrino, escogido por Dios, tal y como lo narra el Antiguo Testamento. Es el Israel de Dios que desde el Génesis, pasando por el Éxodo, va conformando su existencia en medio de las opresiones y la esperanza de liberación. Es el pueblo sacerdotal (Ex 19:6), el pueblo santo, apartado con un propósito (Dt 7:6). En su relación con Dios, el pueblo vive en la alianza o pacto como iniciativa de Dios, como parte de su plan de salvación. Se aspira a mantener una relación de comunión con Dios (Jer 31:33, Ez 37:27) para que el pueblo camine en justicia y verdad, hacia la libertad plena como regalo a todas las naciones (Is 49:1-6). El pacto es un don de Dios a partir de un acto liberador en amor. En ese pacto Dios asume un compromiso de ofrecer vida plena y abundante. Este no es un pacto entre iguales, sino que está dado en la promesa (como gracia), exigiendo respuesta y fidelidad (Dt 30:19b). El pacto de gracia tiende un puente de comunicación que restablece la armonía y el entendimiento (Dt 7:7-11). El nuevo pacto es una nueva relación dada bajo motivaciones amorosas en Cristo. Dios ofrece mantener una relación, de acuerdo con su promesa. Y la cumple. El pacto es aceptación de un compromiso con la vida. Cuando se afirma el compromiso es la alianza, el pacto, la relación adecuada con Dios, lo que se quiere subrayar.

El Nuevo Testamento, heredero de esta concepción, amplía la visión a la luz de la influencia helenista para enfatizar la asamblea, la *ecclesia*. Son los llamados y llamadas a vivir la fe en la convocatoria del reinado de Dios, guiados por el Espíritu Santo (Hch 2). Es el nuevo Israel de Dios, comunidad mesiánica a partir de la resurrección, enviada al mundo a cumplir la misión de Dios (Jn 20).

El pasaje que acoge y reafirma esta imagen de la iglesia como pueblo de Dios con mayor fuerza es 1 Pedro 2:9-10. La primera epístola de Pedro es una exhortación a los cristianos y cristianas de la diáspora en Asia Menor. Es un tratado litúrgico-doctrinal que acompaña a los nuevos creyentes y les anima a enfrentar una sociedad hostil y extraña. Se trata de "expatriados de la dispersión" (1:1)—personas a quienes hoy llamaríamos "extranjeros residentes", y en muchos lugares "indocumentados". Estos extranjeros (1:1-2, 17; 2:11) ahora deben luchar en una cultura hostil y distinta. Tienen que sobrevivir y defender su identidad, manteniéndose como cristianos firmes y auténticos. Deben vivir en la inserción en una sociedad diferente y en medio del prejuicio social y racial.

En años recientes ha surgido una lectura más contextualizada de este pasaje en la que se hace resaltar que estos creyentes cristianos eran peregrinos en tierra extraña, considerados como inferiores a los ciudadanos, con dificultades para legalizar su condición migratoria. No podían poseer propiedades, y había limitaciones en las transacciones comerciales.

La carta les anima a enfrentar estas adversidades con fe y esperanza. Estas personas recién convertidas, como extranjeros en una cultura diferente, deben comportarse como incorporados al nuevo pueblo de Dios (1:3, 23; 2:2). El mensaje destaca que hay un nuevo pueblo de Dios fundamentado en "la piedra viva" y que "como piedras vivas" ha de ser edificado "como casa espiritual y sacerdocio santo..." (2:4-5). Ese mismo fundamento les hace vivir en esperanza (1:3). Aunque haya sufrimiento el pueblo creyente vive sostenido por la fe (2:12; 4:12-16; 5:9-10). Uno de los pasajes más hermosos de 1 Pedro lo resume así: "Mas vosotros sois linaje escogido, real sacerdocio, nación santa, pueblo adquirido por Dios..." (2:9). Ser "linaje escogido" procede de la gracia de Dios, no por virtud especial o superioridad racial. La "nación santa y pueblo adquirido por Dios" recalca que las personas expatriadas tienen una nueva ciudadanía en el reinado de Dios. Por el bautismo han sido incorporadas al nuevo pueblo de Dios para ser servidores y servidoras en el mundo. La acción de gracias a Dios es para compartir la bendición en consolación y solidaridad con las personas más necesitadas.

La iglesia, cuerpo de Cristo

La metáfora del cuerpo de Cristo es una de las más prominentes en el Nuevo Testamento. Pablo la reitera una y otra vez como una relación íntima, existencial, que promueve una pertenencia a Cristo y un estar en Cristo. Este sentido de participación y comunión con Cristo enfatiza una dimensión corporativa que subraya la centralidad de la comunidad como organismo viviente que se va edificando hasta su plena realización en Cristo. Uno de los textos claves es aquel de Romanos: "Así nosotros, siendo muchos, somos un cuerpo, y todos miembros los unos de los otros" (Ro 12:5). Siendo incorporados e incorporadas por el bautismo (Ro 6:3, Gal 3:27) a este cuerpo, los creyentes son miembros de Cristo (I Co 6:15) y funcionan a partir del don de Dios como cuerpo edificado y para edificación (1 Co 3:9-15, 1 Co 12). Todo se mueve hacia Cristo como centro reconciliador, cabeza y principio de unidad de la iglesia y la creación (Ef 1:10, 22-23), manteniendo la unidad en la diversidad (Ef 4:1-16). Crecer hacia la plenitud en Cristo es la meta del cuerpo (Ef 4:13).

El cuerpo con su cabeza, Cristo, busca y promueve el crecimiento. Ese crecimiento necesita nutrientes. Para ello se mantiene unido orgánicamente (Ef 4:16) y se nutre con novedad de vida, pero en un comportamiento correcto y para edificación. El nutriente principal es el amor. Lo que hace crecer al cuerpo es la práctica del amor.

El cuerpo de Cristo vive amenazado por las divisiones y los conflictos, como lo atestiguan las dos epístolas de Pablo a los Corintios. Pablo enfatiza la necesidad de comprender la verdadera sabiduría del Evangelio (1 Co 1) y las dimensiones éticas del vivir cotidianamente las exigencias del Evangelio, como se observa en los conflictos y problemas que esta comunidad de Corinto enfrentaba. Frente a esa fragilidad humana Pablo insiste en la centralidad del Evangelio de la cruz por encima de toda circunstancia humana. Además, reitera la urgencia y exigencia del futuro esperado cuyas primicias hacia el Reino ya se atisban. Vivir en esa tensión escatológica en vital para Pablo. La iglesia es cabeza de playa del Reino, comunidad del compartir (1 Co 14:13-25) y señal del amor redentor de Dios hasta que todo sea culminado en Dios (1 Co 15:28).

En medio de todos los embates y paradojas que vive la comunidad de fe, Pablo ha subrayado la conformación de este cuerpo edificado y sostenido por diversidad de dones, carismas, ministerios, servicios, operaciones y actividades, como lo plantea 1 Corintios 12. Hay unidad en la diversidad de los dones son dados gratuita y libremente al cuerpo de Cristo por acción del Espíritu, bajo el señorío de Jesucristo, y en la comunión del Dios trino.

El cuerpo debe contribuir a la unidad, promoviendo la solidaridad como cuerpo social interdependiente, sin jerarquías impuestas, propiciando la unidad orgánica necesaria que nutre la vida y tiende hacia el amor de Dios.

La iglesia, unidad en la diversidad

La epístola a los Efesios enfatiza el tema de la unidad en la diversidad. La iglesia se presenta como un cuerpo animado y sostenido por un Señor, una fe y un bautismo, un solo Dios (Ef 4:1). Ya en Efesios 1:10 se hace una clara referencia al señorío de Jesucristo como principio de unidad. Dios actúa y revierte la condición de enajenamiento humano y promueve una nueva condición plenamente humana y bajo un nuevo ordenamiento bajo su propia autoridad y dominio (Ef 1:21-23).

La unidad en la diversidad tiene que ver con la unidad en el Espíritu (Ef 4:1-3). La invitación procede de un Dios que une en amor (Ef 4:1-2) y ofrece la paz como medio para esa unidad en amor (Ef 4:3). La imagen del cuerpo expresa la unidad en la diversidad. Hay muchos miembros bajo un principio unificador, sostenido por Dios (Ef 4:6).

Esta unidad se promueve y alimenta por el servicio (Ef 4:12). Los dones son para la edificación del cuerpo. Cristo es la coyuntura esencial que mantiene el cuerpo (Ef 4:13). A través del don del discernimiento se camina por la senda correcta, con la doctrina correcta (Ef 4:14). De esta forma el crecimiento del cuerpo es proporcionado, correcto, saludable y bien cimentado (Ef 4:15). Ese edificio tiene base y proyección hasta que se logre la plenitud en Cristo. La iglesia es la plenitud de Cristo, y el mundo es la plenitud de la iglesia. Dios es el principio unificador. El Espíritu Santo va formando el cuerpo (Ef 2:22) y es el agente que conserva la unidad. La experiencia es de seguimiento en la búsqueda de la verdad hacia Cristo como principio rector (Ef 4:15).

Este cuerpo es una realidad viva. Busca y promueve el crecimiento. Para ello se mantiene unido orgánicamente. Y se nutre de la novedad de vida, pero en un comportamiento correcto y para edificación. El nutriente principal es el amor. Lo que hace crecer al cuerpo es la práctica del amor. El servicio mutuo es lo que beneficia al cuerpo y lo edifica (Ef 4:16).

La iglesia, comunión solidaria

El concepto de comunión solidaria fue tomando mayor prominencia en el movimiento ecuménico del siglo XX cuando se intentó actualizar conceptos bíblicos como *koinonía* y *ágape*. El concepto predominante más contemporáneo es la solidaridad. En el Antiguo Testamento encontramos que la solidaridad tiene que ver con el pacto entre Dios y el pueblo. La base misma de ese pacto es lo que Dios ofrece al pueblo y el compromiso que ese pueblo asume como respuesta a la iniciativa divina. Dios es conocido y cercano. Dios establece un pacto con la nación, la tierra y la descendencia (Gn 15:13-14). Ese pacto tiene que ver con la liberación de los oprimidos (Sal 103:6-7). Se mantiene vivo el compromiso del pueblo con el proyecto histórico de liberación, como esfuerzo solidario (Ex 5, 6, 10).

El pacto es una dádiva de Dios, a partir de un acto de libertad en amor (Ex 33:19). Dios se compromete a ofrecer vida plena y abundante en ese pacto de amor (Sal 24 y Dt 7:7). Este no es un pacto entre iguales, sino que está dado en la promesa como gracia, y exige respuesta y fidelidad. El Dios del pacto es Dios de vida: "Escoge pues la vida" (Dt 30:19). Dios toma partido y se solidariza con los pobres, menesterosos y oprimidos para hacerles justicia. Entender esa acción de Dios es saber su propósito en la historia, es actuar para que se restauren las relaciones y se mantenga el sentido inicial del pacto: la gracia. La experiencia de Dios, su fidelidad al pacto y las exigencias que ello conlleva son consideradas como una dimensión colectiva y no solo un asunto privado. Los Salmos presentan una rica variedad de experiencias que subrayan el sentido de la vida colectiva. Es el principio colectivo de la gran congregación (Salmos 22, 30, 35, 40 y 52, entre otros). El culto es fundamental en toda esta experiencia. Éste expresa la fraternidad y comunión que se vive en lo cotidiano, como aspiración de ser un pueblo unido y fiel.

El Nuevo Testamento retoma toda esta experiencia cuando habla de la nueva alianza y el nuevo pueblo. En Jesucristo, por medio de la cruz, se retoma y se restaura el vínculo perdido. Jesucristo es el primogénito y el que ahora por su encarnación ha dado sentido concreto y pleno a la nueva alianza. Dada y sostenida por su propia vida (Mt 26:18).

La comunidad de fe, restaurada ahora por la Resurrección, vive bajo la fuerza del Espíritu y por la presencia de Cristo resucitado. La comunión en Cristo hace a la comunidad y la mantiene convocada en unidad para la vida. Por la nueva alianza somos llamados a la solidaridad en el Hijo. La comunión se basa en compartir el don de Dios. Unidos y unidas en torno a la mesa, y en gratitud, en Cristo y desde Cristo, se es copartícipe en la gracia y los sufrimientos, hacia una verdadera comunión solidaria. Hay que proclamar con hechos la dignidad humana que Cristo ha logrado desde su Encarnación hasta la Resurrección. La epístola a los Hebreos enfatiza que la solidaridad se manifiesta en la compasión del Sumo Sacerdote que comparte su vida (Heb 2:14).

La solidaridad es tarea ineludible. En la vida cotidiana esto se traduce en responsabilidad social, que implica necesariamente salir del plano meramente personal y asumir una responsabilidad en la sociedad.

La riqueza de este sentido de la comunión solidaria se hace tangible y concreta en el compartir. La comunión es participación, vivencia, estilo de vida comunitario. Es unir voluntades y traducirlas en una experiencia de unidad. Ello implica convocar para un proyecto de fidelidad a Dios, pero de profundo y verdadero compromiso con los hermanos y hermanas.

Llamada al lugar de la reunión, la *koinonía* se nutre de la solidaridad y la compasión evangélica (Hch 2:14) Es hacerse pobres para que no existan más pobres y para que la comunidad sea signo de la igualdad y la fraternidad (2 Co 8:9).

El compartir es práctico y concreto. El compañerismo reclama la entrega servicial. La *diakonía* no es un ejercicio accesorio, sino es vital para la propia existencia de la comunidad. Compartir es tomar parte activa en la dinámica del reinado de Dios. Es la participación solidaria para que el Reino se establezca, aunque haya que ejercer fuerza para mantenerlo (Mt 11:12). La solidaridad (koinonía) se traduce en comunión en Cristo y como esfuerzo de acción transformadora hacia la justicia del reinado de Dios.

La iglesia, comunión del Espíritu

El espíritu es acción de vida desde la creación, pasando por la redención y la sustentación de lo creado hasta la consumación (Sal 104:30). En el Antiguo Testamento se le designa como movimiento, viento (Ex 14:21), respiración, vida, presencia divina (Sal 39:7-10). Es la presencia activa de Dios en el mundo, en todos los seres vivientes. El Espíritu es protagonista de una acción divina positiva cuya presencia favorable transforma el caos, pero también da libertad y se abre al futuro (Gn 1).

Los profetas pueden experimentar ese horizonte de esperanza desde un presente incierto hacia un futuro promisorio (Is 61:1-2) El Espíritu es, además, un poder restaurador y animador, a pesar de la debilidad humana y el pecado (Sal 51:10). Actúa con dones de sabiduría y entendimiento (Ex 35:31).

En el Nuevo Testamento el Espíritu es anuncio de una nueva era, con la presencia y relación entre Cristo y el mismo Espíritu (Lc 4:16-18). Irrumpe para llamar a los pueblos, las razas, las culturas, a una vida nueva en comunidad y justicia (Hch 1 y 2). Por eso el Espíritu es vida en movimiento, repartiendo dones para la edificación de la vida comunitaria y para el testimonio eficaz en el mundo (Hch 4:32-37, 8, 10, 17).

El Evangelio de Juan relaciona el evento de la resurrección con la formación de la comunidad del Resucitado, enviada al mundo con el poder del Espíritu. Lucas en Hechos también enfocará la fundación de la iglesia a partir de la acción del Espíritu, quien convoca a formar una nueva comunidad, anunciando una nueva era del Espíritu, para anunciar las buenas nuevas que prometen salvación y nueva humanidad en Cristo.

La iglesia del resucitado (Jn 20:19-23) es aquella que recibe el mensaje de paz en medio de la duda y el miedo. Los discípulos convertidos ahora en apóstoles son enviados al mundo a mostrar el poder transformador a través de las cicatrices del Resucitado, presente por el Espíritu que da autoridad para enfrentar las fuerzas contrarias al propósito de Dios.

Jesús ha orado por este proyecto y su cumplimiento tal y como lo registra Juan 17. El énfasis primordial es el modelo trinitario (Jn 17:11, 22) como ejemplo de la relación en la economía divina y su propósito en el cumplimiento de la misión. Viven ahora los apóstoles como testigos en el mundo, aunque no del mundo. Confían sólo en la protección divina mientras peregrinan en ese mundo. Se trata de una paradójica tensión creativa hacia la perfecta unidad de la que sólo se puede testificar a partir de la identificación del Padre y el Hijo con el Espíritu Santo, desde la eternidad y hasta la eternidad: Gloria y unidad que en la cruz-resurrección confirman al Dios encarnado y el cumplimiento de su propósito redentor.

La iglesia de Pentecostés (Hch 2) recibe el gozo y entusiasmo del Espíritu para testificar que la humanidad encuentra su unidad en la diversidad y en la reconciliación con Dios por la irrupción del Espíritu. Se inaugura así la iglesia de la historia, responsable de continuar la misión de Dios. La iglesia continúa el plan de Dios iniciado en Jesús. El Espíritu, don de Dios, es agente principal que genera vida comunitaria (Hch 2:1-13). El Espíritu de Dios reúne razas, lenguas, culturas, geografías, trastocando esquemas, mentalidades, costumbres y modalidades (Hch 17:6) con el escándalo del Evangelio.

La iglesia en trance misionero se mueve desde la dinámica carisma-comunidad, a forjar comunidad de bienes (Hch 4:32-37), desde el carisma-ministerio en diversidad de los ministerios para edificación (Hch 6:1-7), hacia el carisma-misión en la expansión misionera a la gentilidad (Hch 8-17).

Estas imágenes de la iglesia, que muchas veces se complementan, ayudaron a iluminar el proceso que fue configurando ciertos consensos en la búsqueda de modelos de unidad. En ese proceso la Comisión de Fe y Constitución, que incluye una activa participación de la Iglesia Católica Romana, elaboró documentos y proveyó espacios de diálogo con el objetivo de avanzar en aclarar cuestiones eclesiológicas básicas, partiendo de una afirmación que subraya la unidad que ya tienen las iglesias en Cristo, pero conscientes de la gran diversidad, y en ocasiones serias discrepancias, que existen en el largo camino hacia la unidad.

Resumen

En este capítulo el intento fundamental ha sido ofrecer algunos principios y conceptos que ayuden a comprender el intrincado y complejo proceso de unidad cristiana. Se asume lo ecuménico en sus dimensiones bíblico-teológicas, pero básicamente desde una postura confesional que invoca a Dios como la fuente de nuestra confesión de fe y gran convocante, por su llamado, al compromiso con la unidad.

La doctrina de la Trinidad nos sirve como modelo relacional en la propia vida de la economía divina. Es más que una doctrina; es una práctica desde la fe frente al Misterio. De igual forma se presentan imágenes de la iglesia que, arrancando desde su fuente bíblica, ayudan a formular modelos de unidad que han predominado en la historia del movimiento ecuménico.

Pasemos a examinar algunos modelos de unidad.

2
Modelos de unidad

¿*Qué* entendemos por "modelo"? Un modelo o paradigma, para los propósitos del tema de la unidad cristiana, podría definirse como un ejemplo que intenta explicar, demostrar y apuntar hacia una realidad más compleja y hacerla comprensible. Usualmente un paradigma denota y comunica valores, principios éticos y creencias que sustentan un proyecto histórico. Desde el punto de vista teológico-doctrinal hablar de modelo de unidad parte de la afirmación básica que ya expusimos, esto es, la unidad que Dios quiere, que la iglesia afirma y promueve, y de la que los creyentes—mujeres y varones—intentan dar testimonio en el mundo. La fe, como don de Dios en Jesucristo, invita a la promoción de esa unidad para hacerla visible y efectiva.

Aquí se busca presentar modelos de unidad que se han ido configurando en la práctica ecuménica de las iglesias y los movimientos ecuménicos o para-eclesiásticos. Estas son aproximaciones que pretenden elevar a concepto prácticas, luchas, deseos y sueños, en medio de situaciones muchas veces conflictivas, pero siempre proyectadas hacia la superación de las barreras que impiden la convivencia y la esperanza de vivir en un mundo mejor, camino al reinado de Dios. Los modelos presentados han sido los predominantes, según nuestro criterio y los análisis de otros autores y autoras.

La unidad como comunidad conciliar

Uno de los modelos que ha tenido mayor prominencia en círculos ecuménicos es aquél que subraya el deseo de buscar una expresión institucional mínima que se ha denominado una comunidad o comunión conciliar. El principio básico es partir de la comunión de iglesias locales que ya comparten la unidad. Se destaca así que esas iglesias reconocen a Jesucristo como Señor, aceptan la fe apostólica como fundamento de todo diálogo y avance hacia la unidad. Se busca aquí resaltar el bautismo, la eucaristía y un ministerio que acepte la diversidad, pero permita el reconocimiento mutuo, y así alcanzar una comunión de iglesias unidas, mas no unificadas. El ejemplo del Concilio de Jerusalén (Hch 15), como punto de partida, ayuda a comprender que en medio de las diferencias, los litigios y las confrontaciones, la iglesia luchó por propiciar y afirmar la diversidad, desde un principio de conciliaridad. Para llegar a ser universal debía comenzar desde su particularidad, manteniendo su identidad.

La comunión conciliar intenta mantener un equilibrio entre lo local y lo global, como se expresa hoy, manteniendo la autonomía de las iglesias locales o nacionales, propiciando la mayor unidad posible siempre como fruto y promesa de lo porvenir en un horizonte escatológico. La unidad plena no la logra ninguna confesión eclesiástica, ni puede ser impuesta. Las iglesias están convocadas, por medio de la fuerza del Espíritu Santo en oración y acción, a buscar la comunión con Dios, con la humanidad y con toda la creación hacia la plenitud del reinado Dios.

Por varias décadas, desde la primera asamblea del Consejo Mundial de Iglesias en 1948, y hasta la Asamblea de Nueva Delhi en 1961, el intento fue afirmar más y más el carácter fraternal del Consejo Mundial de Iglesias (CMI). Ello provocó que se fuera enfatizando en las tres décadas subsiguientes un concepto de conciliaridad más ligado a la comunión solidaria y el compartir de recursos ecuménicos, que a la búsqueda de un proyecto conciliar más institucionalizado. Se prefirió la cooperación ecuménica más que el consenso doctrinal. Sin embargo, la vieja tensión entre vida y obra por un lado, y fe y constitución por el otro, no logró disiparse. Hubo un sector importante del CMI que sostenía que la comunidad conciliar debía desembocar en la unión orgánica. Otro sector opuesto a esa postura temía que una superestructura eclesiástica les fuera impuesta. Muchas tensiones se han vivido entre las distintas confesiones cristianas en el CMI en relación con estas dos posturas. El ejemplo más claro fue la casi confrontación entre las iglesias ortodoxas y las iglesias protestantes en la Asamblea de Canberra 1991, sobre el papel del Espíritu Santo en la teología y su implicación en relación con la humanidad y la creación.

La Iglesia Católica Romana es la mayor denominación cristiana en el mundo. Ha esbozado y promovido su propia estrategia de unidad, partiendo de su base eclesiológica definida desde el papado y su autoridad sobre la totalidad de la iglesia una. La centralidad del Vaticano como eje conductor de todo relacionamiento con otras confesiones cristianas y distintas religiones mundiales se deriva de ese principio.

Fue en el Concilio Vaticano II (1962-1965) y bajo el liderato del papa Juan XXIII que se replanteó una apertura ecuménica plasmada en una estrategia de acercamiento e intento de diálogo con otras confesiones cristianas, incluyendo a sectores pentecostales. Esa apertura católico-romana se plasmó en un documento aprobado por el Concilio Vaticano II. Este es el decreto *Unitatis Redintegratio*, donde se perfila una postura de apertura afirmando que la iglesia es una, "fundada por Cristo Señor". El carácter apostólico de la iglesia queda reafirmado sobre la base de la tradición de la fe de los apóstoles, que sostiene el orden institucional. El decreto no pretende ser conclusivo.

Uno de los ejes centrales del decreto es abrirse a un acercamiento al CMI dentro del concepto de la comunidad conciliar, sujeta a la autoridad del papa y los obispos para una efectiva participación tanto en lo local como en lo institucional. Se vuelve a insistir aquí que a fin de cuentas la comunidad conciliar pertenece al orden sacramental. Esta afirmación permite la participación de la Iglesia Católica Romana en la comisión de Fe y Constitución del CMI a nivel oficial, aunque no es miembro plena del organismo. Ello posibilita, además, los otros diálogos ecuménicos. El documento *Bautismo, Eucaristía, Ministerio* (1982), que produjo la comisión de Fe y Constitución, fue aceptado como documento de trabajo a ser valorado y estudiado por las conferencias episcopales de la Iglesia Católica Romana.

Todavía hay un largo camino por recorrer en el diálogo ecuménico entre la Iglesia Católica Romana, las iglesias protestantes y pentecostales, y las iglesias ortodoxas. Hay diferencias sustantivas doctrinales y concepciones eclesiológicas muy diversas.

El papa Juan Pablo II promulgó la carta encíclica, *La unidad de los cristianos. Carta encíclica "Ut unum sint" (1995)*, que logró llamar la atención no solamente de otras confesiones cristianas, sino de sectores judíos y musulmanes interesados en avanzar un diálogo con la Iglesia Católica Romana. La reflexión de la encíclica se centra en continuar los esfuerzos en el diálogo ecuménico para crecer en la comunión en Cristo hacia la unidad. Juan Pablo II rescata la dimensión testimonial en lo que él denomina un "martirologio común" que los cristianos tenemos en el siglo XX. Ello implica que "si se puede morir por la fe, se puede alcanzar la meta cuando se trata de otras formas de aquella misma exigencia". En común fidelidad a Cristo se podrá restaurar la plena unidad.

Cabe destacar aquí los esfuerzos que se han hecho en las últimas tres décadas para propiciar, dentro del modelo de la comunidad conciliar, y marcados fuertemente por la participación oficial de representantes del Vaticano en el seno de la Comisión de Fe y Constitución del Consejo Mundial de Iglesia, una serie de diálogos bilaterales con las iglesias y tradiciones anglicana, bautista, discípulos de Cristo, luterana, pentecostal y reformada.

A través de un acercamiento de la Sección de Ecumenismo y Diálogo Interreligioso del Consejo Episcopal Latinoamericano (CELAM) con el Consejo Latinoamericano de Iglesias (CLAI) y la Comisión Evangélica Pentecostal Latinoamericana (CEPLA), se sucedieron una serie de reuniones en Colombia, Chile y Ecuador, lo que culminó en el Encuentro Católico-Pentecostal Latinoamericano en Quito, Ecuador, en 1998. Además, un representante oficial del CELAM ofreció una ponencia en el Encuentro Pentecostal Latinoamericano y Caribeño, convocado por la CEPLA, en La Habana, Cuba, en septiembre de 1998.

Con ese telón de fondo se llegó a Santafé de Bogotá a la Reunión Católico-Pentecostal del 6 al 9 de octubre de 2002, esta vez con el propósito de explorar la conformación de un grupo de trabajo para "abrir un espacio de intercambio, reflexión, y cooperación entre católicos y pentecostales en América Latina y el Caribe". El grupo fue constituido por cinco delegados de CEPLA y cinco del

CELAM, con una persona designada por el CLAI. Hubo un observador de la Conferencia Episcopal de Estados Unidos y un representante del Pontificio Consejo para la Promoción de la Unidad de los Cristianos.

El grupo se planteó la complejidad de un proceso de acercamiento y los desafíos que plantea en Latinoamérica y el Caribe, con la historia de conflictos y tensiones entre católicos y pentecostales. Pero se asumió con diligencia y seriedad el afirmar algunos de los pequeños avances que se han dado en el diálogo. Se subrayó la necesidad de avanzar en ese diálogo y buscar más espacios nacionales y regionales para la educación mutua y la reflexión teológica seria, bajo la dirección del Espíritu.

Resultó aleccionador (el que escribe fue participante activo de este encuentro como asesor de la CEPLA) el ambiente fraternal que se dio durante todo el encuentro, con momentos de oración y estudios bíblicos juntos. Además, se propiciaron espacios informales para la tertulia teológica y el compartir historias de vida y experiencias pastorales.

Los temas de reflexión fueron: la identidad cristiana, la experiencia cristiana y la misión cristiana. Cada delegación trajo su reflexión sobre estos temas, y se tuvieron debates intensos, a veces de tono desafiante y casi de confrontación. Pero el nivel de honestidad e integridad salvó todo los escollos.

Al final llegamos a la convicción de que estas dos expresiones de la fe cristiana en el continente tienen la responsabilidad de avanzar en el diálogo para vencer los prejuicios, descalificaciones estériles y los desencuentros históricos que lamentablemente han llevado hasta a la violencia. Se afirmó la necesidad de organizar un segundo encuentro.

La unidad como unidad orgánica

Este modelo tiene como trasfondo los procesos de unión orgánica que surgieron como producto del movimiento misionero del siglo XIX. Como parte de ese proceso se crearon nuevas unidades denominacionales. Se pueden mencionar como ejemplos la Iglesia Evangélica Alemana (1817), la Iglesia de Escocia (1847), la Iglesia Unida del Canadá (1925), la Iglesia de Cristo en la China (1927), la Iglesia Evangélica Unida de Puerto Rico (1931), la Iglesia de Cristo en Japón (1941), la Iglesia del Sur de la India (1947), entre otras.

El modelo de unidad orgánica lo formularon por primera vez las conferencias mundiales de Fe y Constitución en Lausanne (1927) y Edimburgo (1937). Hubo tres formulaciones básicas: Primero, una federación o alianza de iglesias como colaboración y cooperación. En segundo lugar, una comunidad de fe basada en la intercomunión, con el reconocimiento mutuo de las iglesias, incluyendo el intercambio ministerial, el bautismo, la fe apostólica, el servicio y el testimonio. La tercera expresión sería la unidad orgánica en una nueva entidad eclesial, como meta final. Se trata aquí de propiciar la unidad—no la uniformidad—con alguna unión organizativa.

Este modelo se ha mantenido como un referente en el diálogo ecuménico, pero no ha prosperado como para propiciar avances significativos. Esta visión parece acercar a las iglesias, pero choca con la sospecha de que se busca una iglesia "transconfesional", dejando la propia herencia confesional, camino que la gran mayoría de las iglesias protestantes no están dispuestas a asumir. Sin embargo, en todos los continentes se dieron nuevas estructuras eclesiásticas a través de la iglesias unidas, como en los ejemplos que ya se han mencionado, y las "uniting churches"—iglesias en proceso de formación.

La Iglesia Unida de Cristo de las Filipinas es un buen ejemplo de ese proceso de formación que culminó en una nueva denominación. En 1948 iglesias protestantes establecidas como fruto del movimiento misionero de los siglos XIX y XX decidieron unirse para formar esa nueva entidad. Los discípulos de Cristo, metodistas, presbiterianos y las iglesias de los hermanos, constituyeron la Iglesia Unida de Cristo de las Filipinas.

En un documento estratégico titulado "Compañerismo en Misión, 1991" (UCCP, *Partnership in Mission: The United Church of Christ in the Philippines*, 1991:14-19) se traza la historia y contexto donde se dio la misión en Filipinas, en sus variantes católicas y protestantes. Se describe la situación difícil que se vivió, y la necesidad urgente de responder al proceso de independencia y autodeterminación que predominaba en la vida nacional filipina. Se trataba de un enfoque integral a la misión en tiempos de crisis. Vencer el colonialismo en la iglesia y la sociedad era la tarea urgente.

Por tres décadas la Iglesia Unida de Cristo en Filipinas se debatió en relación con la dependencia económica de los Estados

Unidos y Europa. El debate tenía dos ejes claves: la formación y retención del liderato, y las nuevas relaciones con las iglesias del exterior. Fue así como se subrayó la necesidad de incorporar una discusión teológica sobre la misión de Dios, el compartir ecuménico de recursos y la autogestión a todo nivel. Se afirmaba el verdadero compañerismo en misión en una comunidad global. De esta forma se establecieron algunos principios que subrayaron el compartir todos los recursos en expresiones concretas de solidaridad, unidad y aprendizaje en el apoyo mutuo. Ello implica mantener la comunión con las iglesias norteamericanas y europeas como iglesias hermanas.

El que escribe tuvo la oportunidad de visitar congregaciones de la Iglesia Unida de Cristo en Filipinas en dos oportunidades (1988, 1996), como parte de delegaciones fraternales del Consejo Mundial Iglesias, y se percató del trabajo intenso y sólido que esta iglesia promueve en los barrios más pobres de Manila y Quezón City. Además, constató el papel profético y la lucha por los derechos humanos que hasta el día de hoy esta iglesia asume.

La unidad en la diversidad reconciliada

El modelo de la diversidad reconciliada, que tiene como trasfondo la eclesiología que destaca la unidad en la diversidad, fue promovido por la Federación Luterana Mundial. El énfasis es reconocer la diferencia como válida y afirmar un proceso de reconciliación que asume la diversidad como buena. Se rechaza la "transconfesionalidad" que desconoce distintas posturas doctrinales y teológicas. Lo que se desea es trabajar hacia una pluralidad que afirme lo común y consensual en un ámbito de mutualidad y respeto.

Parte del desafío de este modelo reside en el carácter tan diverso, dividido y disperso de las iglesias protestantes. Aquí se deben mencionar las iglesias clásicas de la Reforma Protestante: las luteranas, las reformadas, la anglicana, y las que salieron de la tradición anabautista, como las menonitas. Si a ello se unen los bloques definidos del catolicismo y el cristianismo oriental, el panorama se torna más complicado. Incluso, tratar de entender la diversidad cultural y étnica en cada una de esas tradiciones en todos los continentes complica aún más la tarea de configurar qué se entiende por diversidad reconciliada.

Pareciera que la diversidad reconciliada intenta propiciar un movimiento de unidad interconfesional donde cada familia confesional conserve su identidad litúrgica y doctrinal. Un aspecto que cobra notoriedad es el respeto a la diversidad cultural y étnica que subraya las diferencias cada vez más visibles entre distintas confesiones cristianas, y hasta entre iglesias pertenecientes a una misma denominación, pero en contextos muy diversos. Incluso, se insiste en la interculturalidad y la reciprocidad, en el marco de una búsqueda que respete cada vez más la equidad en plano de igualdad, asumiendo las diferencias como válidas y justas.

El desafío mayor ha consistido, entonces, en reconocer la "pluralidad de identidades confesionales" y construir un movimiento transconfesional sin pretender la unidad orgánica. La Federación Luterana Mundial asumía así su propia especificidad confesional y se abría colaborar con todas aquellas confesiones cristianas que desearan trabajar en un proyecto de unidad que invita al diálogo y el acercamiento, para superar prejuicios y vencer barreras de separación. Se trata de una diversidad reconciliada que invita a construir un movimiento ecuménico en el que aquella diversidad confesional es vital.

Las iglesias reformadas y presbiterianas han fundado la Alianza Reformada Mundial como vínculo dentro de esa familia confesional, pero claramente desarrollando programas que inciden en el movimiento ecuménico a niveles locales, regionales y mundiales. La Iglesia de Inglaterra ha promovido la cooperación ecuménica a través del Consejo Consultivo Anglicano. Para algunos de los críticos de este modelo todavía adolece de ser un ecumenismo intereclesial que no propicia un ecumenismo mayor o un macro-ecumenismo que incluya asuntos relacionados con la justicia, la paz y la integridad de la creación. Por otro lado, se aduce que las diferencias doctrinales se minimizan, aflorando cuestiones esenciales que no han podido superarse como son el reconocimiento del bautismo, la ordenación de mujeres y la participación plena en la eucaristía por reconocimiento mutuo.

La diversidad reconciliada, a pesar de sus posibles limitaciones, ha promovido los diálogos serios, la colaboración concreta entre las distintas familias confesionales en tiempos de crisis, el intercambio, la cooperación y el trabajo ecuménico concreto en proyectos nacionales como seminarios teológicos y programas de acción social.

Una experiencia muy concreta nos puede ayudar a visualizar cuáles son los desafíos que ha planteado la diversidad reconciliada en el movimiento ecuménico. Nos encontrábamos en la reunión anual de la Comisión para la Participación de las Iglesias en el Desarrollo (CCPD) del CMI, en octubre de 1989. Allí representantes de las iglesias de todos los continentes nos congregábamos para examinar, ponderar y fijar políticas y estrategias de esa comisión. El lugar de la reunión era un convento Católico Romano en el recinto de la Universidad de Manchester en Inglaterra.

Desde el inicio de la reunión comenzamos a tener algunos conflictos serios por definiciones doctrinales y la búsqueda de consenso. Los tres metropolitanos de la Iglesia Ortodoxa Rusa, un obispo de la Iglesia Ortodoxa Griega y un obispo de la Iglesia Ortodoxa Copta (Egipto) objetaban la presencia de un teólogo metodista de Sri Lanka, que planteaba una eclesiología muy radical en línea con las llamadas "Comunidades Eclesiales de Base". Ese escollo lo vencimos cuando el moderador de la comisión nombró a este servidor como mediador ya que todas las partes envueltas en el diferendo me conocían. Después de dos días de conversaciones entre las partes llegamos a un consenso y se evitó una confrontación mayor.

¡Donde no pudimos avanzar un ápice fue en la idea de concluir la reunión con la eucaristía en la capilla católica del convento! Los ortodoxos no participarían. Ya sabemos por años que ellos no pueden comulgar con otras confesiones cristianas. Eso lo he experimentado decenas de veces, en mi vida ecuménica. Incluso, el día que el Patriarca Pimen (octubre 1982) nos concedió la Orden de San Sergio, allá en Zagorsk, la sede oficial del patriarca del la Iglesia Ortodoxa Rusa, pudimos participar de todo (hasta del excelente banquete ofrecido para la ocasión). Éramos 16 líderes de todos los continentes, en visita oficial para promover la Asamblea del Consejo Mundial de Iglesias en Vancouver, 1983. Pero la Cena del Señor no la podríamos compartir jamás con los ortodoxos.

La comisión litúrgica de aquella reunión, después de un largo debate, decidió que se celebraría la eucaristía. Se conversó con la Madre Superiora del Convento y, hechas las consultas, se autorizó la celebración. Entonces, ¿quién presidiría la eucaristía? También por consenso la comisión me pidió que yo lo hiciera. Les expresé mi pesar porque la tradición discípulos de Cristo, a la que pertenezco, valora grandemente la comunión abierta e inclusiva. Solicité a los hermanos ortodoxos que por favor estuvieran presentes. Lo hicieron realmente compungidos pues además de estar presentes querían participar de la comunión. Aquel domingo en la tarde un pastor discípulos de Cristo presidió la eucaristía en uno de los momentos más alegres y más tristes de su ministerio.

Todavía seguimos recorriendo caminos pedregosos en el movimiento ecuménico. De igual forma, continuamos luchando por hacer más visible la unidad que ya tenemos en Cristo.

La unidad como la coparticipación y el compartir

El movimiento ecuménico en su expresión más institucionalizada, que es el Consejo Mundial de Iglesias (CMI), ha intentado desde sus inicios desarrollar una estrategia que exprese y concilie dos dimensiones que han estado en confrontación. Lo podríamos resumir como la tensión praxis-teoría (ética y teología). Inicialmente se planteó como el contraste entre *vida y obra*, por un lado, y *fe y constitución*, por otro. Para algunos participantes activos en este proceso el tema central también tiene que ver con las bases eclesiológicas del CMI, en un organismo tan diverso. Muchos de los cuestionamientos de sectores conservadores evangélicos insisten en la separación tan tajante entre eclesiología y ética, que algunos llevan al extremo de plantear que el CMI niega el testimonio personal y lo enfoca todo hacia el servicio y la acción social.

El fondo de este asunto tiene en la lectura bíblica y su interpretación su más grande desafío. Es por ello que por décadas el CMI hizo un esfuerzo por promover los estudios bíblicos y teológicos, incluso estableciendo un programa de formación ecuménica en el Instituto Ecuménico de Bossey, fundado en 1946. La idea básica para constituir este espacio de reflexión y diálogo era acompañar la propia formación del Consejo Mundial de Iglesias, fundado en 1948. Este Instituto ha cumplido un papel fundamental Las conferencias mundiales organizadas por las diversas unidades del CMI siempre han insistido en la reflexión teológica y el estudio bíblico. Y el Instituto Bossey siempre ha sido lugar de encuentro y espacio para avanzar en la búsqueda de la unidad.

Un concepto que inicialmente tuvo mucha fuerza fue el de la fraternidad cristiana (*fellowship*). Con el tiempo hubo un giro hacia el concepto de *koinonía* (comunión), elaborando alrededor del mismo una serie de afirmaciones teológicas fruto de estudios bíblicos serios dirigidos por teólogos y teólogas de prestigio internacional, procedentes de las iglesias miembros.

Este concepto de *koinonía* fue enriquecido y reexaminado una y otra vez. Muy al principio se hablaba de "sharing", el compartir, insistiendo en la perspectiva paulina de la "coparticipación" (como también se le llamó), basado en Filipenses 1. Bástenos examinar un importante cuaderno de amplia circulación, traducido a varios idiomas. El cuaderno *Las manos vacías: Un temario para las iglesias* se publicó en 1980. El intento era dar las bases bíblicas, teológicas y estratégicas y programáticas, hacia un compartir amplio que incluía la ayuda intereclesiástica, pero que se abría a los grupos sociales marginados en la sociedad, en la búsqueda de un nuevo orden económico internacional más justo, participativo y digno.

La coparticipación, se insistía en *Las manos vacías*, implica vivir en una aldea global, hacia una comunidad del compartir que va rompiendo barreras de separación, prejuicio y marginación. La tónica es buscar la unidad en un proyecto de nueva humanidad y nueva creación que permita "oir, dar y perdonar". Pero también reclama el recibir como parte de la misión de Dios—misión que, como buena noticia, integra el servicio, la palabra y la acción.

Examinemos el desarrollo del compartir ecuménico de recursos en el siglo XX.

El proceso que se vivió en el movimiento misionero protestante, como antesala al movimiento ecuménico, planteó, a partir de la Conferencia Mundial sobre Misión en Edimburgo, en 1910, la necesidad de superar los esquemas dominantes que influyeron en las iglesias de Occidente, incluyendo el colonialismo y el paternalismo. Ser copartícipes en la misión era más importante que el predominio en la misión de unas iglesias prósperas que impusieran su concepción eclesiológica y misionera. Había que moverse de la dominación y la dependencia hacia la cooperación y la unidad, como se expresara la Conferencia de Madrás, India, en 1938. De allí en adelante se abrió un proceso de diálogo que podríamos resumir en cuatro etapas.

La primera etapa fue de 1948 a 1961. Aquí el énfasis era en la iglesia como agente de la misión de Dios. El concepto clave era *missio Dei*, Dios como agente misionero activo en el mundo. La segunda etapa, entre 1961 y 1975, subrayó el mundo como el lugar privilegiado para la misión de Dios. Desde 1975 hasta 1987 se buscó un equilibrio donde la iglesia, el mundo y el reinado de Dios se mantienen interconectados, más bien que contrapuestos.

En la Consulta Mundial sobre *el Compartir Ecuménico de Recursos*, en El Escorial, España (1987) se reflexionó sobre el compartir desde el punto de vista bíblico y teológico, enfatizando que el término *koinonía* podría ser traducido como solidaridad a partir de tres conceptos claves: el pacto, el cuerpo y la comunión. Se insistía en que para crecer hay que dar. Que compartir significa poner a disposición todos los recursos y propiciar un marco de referencia relacional que supere los egoísmos y la avaricia. Sólo reconociendo que no somos autosuficientes y que somos un cuerpo en Cristo que continuamente se va transformando, es posible construir un cuerpo que intenta ser una comunidad mundial solidaria.

En la Conferencia de la Comisión de Fe y Constitución del CMI en Santiago de Compostela (1993), el énfasis en el concepto *koinonía* fue retomado y ampliado con una sólida hermenéutica bíblica, tratando de interrelacionar el compartir las buenas nuevas del Evangelio (evangelización), el servicio (*diakonía*) y la fe como testimonio personal y asentimiento doctrinal. Aquí el esfuerzo consistía en buscar un equilibrio entre esas tres dimensiones siempre en tensión en el movimiento ecuménico, y particularmente en las discusiones en las consultas y conferencias del CMI. La propia Comisión de Misión y Evangelización promovió conferencias, estudios y documentos donde la estrecha relación entre misión y unidad intentaba llamar la atención a lo que en círculos ecuménicos se denominó la "misión integral".

Dos aspectos íntimamente relacionados con esta discusión estaban en el tapete cuando se discutió este tema en Santiago de Compostela (1993). La pregunta básica era: ¿Cómo incorporar en la agenda ecuménica una visión que tomara en serio las dimensiones de la contextualización y la inculturación desde una solidaridad que expresara la verdadera *koinonía* en la era global? En los últimos 17 años se ha profundizado esa discusión, particularmente en lo que respecta al diálogo con las culturas, el diálogo interreligioso y la ecología.

Al cierre de aquella Conferencia en Santiago de Compostela en 1993, se reafirmaba que la *koinonía* que se plantea tiene tres ejes fundamentales: Es una comunión en la fe, hacia la comunión en la vida, como testimonio en el mundo.

En 1985 hubo tres terremotos de mayor magnitud en México, El Salvador y Chile. El que escribe era secretario de la Pastoral de Consolación y Solidaridad, un servicio del Consejo Latinoamericano de Iglesias, fundado como respuesta a las múltiples situaciones de emergencia que sufren nuestros países y las iglesias en ellos. La presencia del CLAI en esos lugares obedecía a una pastoral de acompañamiento, fruto de la confianza que las iglesias miembros del CLAI depositaban en el organismo. Además, se respondía y se asumía una colaboración para suplir y ayudar en áreas en que las iglesias no podían hacerlo solas.

Hay que resaltar varias lecciones importantes que aprendimos en ese proceso. En primer lugar, vimos de frente la vulnerabilidad y la realidad del sufrimiento humano en sus condiciones más extremas y apremiantes. La primera fase de asistencia y acompañamiento era vital. Veníamos como un ministerio de las iglesias, no una agencia de asistencia social. La dimensión pastoral, entonces, era un aporte esencial. Las iglesias nos enseñaron a confiar en la fuerza y presencia del Espíritu en tiempos adversos.

En segundo lugar, aunque no contábamos con muchos recursos económicos sí teníamos una "nube de testigos" que respondía con amor desde distintos países del mundo. Una y otra vez hemos constatado el potencial que tiene la comunión cristiana cuando el amor es eficaz.

Finalmente, logramos establecer redes de solidaridad a nivel local e internacional que probaron ser mecanismos muy efectivos para responder en las emergencias, pero también para mantener una relación constante, estratégica y programática. De esa forma se ofrecieron Talleres de Solidaridad en muchos países de Latinoamérica y el Caribe. Quizás aquí se cumplió una vez más aquél viejo dicho ecuménico de la Conferencia Cristiana Universal sobre Vida y Acción en Estocolmo, Suecia, 1925: "El servicio une, la doctrina divide".

La unidad como ecumenismo del Espíritu

Desde la Asamblea del CMI (1961) en Nueva Delhi, India, se inició un énfasis en círculos ecuménicos en lo que ha llegado a ser hoy un lugar común: "un ecumenismo del Espíritu". La idea comenzó a tomar forma cuando en los años 60, después de aquella histórica asamblea, tanto en África como en Asia, Latinoamérica y el Caribe, se dio un gran impulso al concepto. La Comisión Evangélica Pentecostal Latinoamericana comenzó a forjar un proceso que desembocó en la fundación del Consejo Latinoamericano de Iglesias (CLAI, 1978-1982). Para el año 2007 ya tenía más de 70 denominaciones pentecostales participando activamente en sus programas.

En África el énfasis llevó a reclamar la herencia espiritual presente en las culturas y en diálogo con ellas, para reconstruir la identidad y las experiencias de las iglesias en su lucha por la justicia, la dignidad y la superación de la pobreza antropológica. En Asia se enfatizó una "espiritualidad de la vida" que, en diálogo con las tradiciones espirituales no cristianas, permitiera reencaminar la apropiación de un sentido más profundo de lo que muchos teólogos y teólogas denominaron la búsqueda de "nuestra identidad asiática", con toda su diversidad y complejidad.

En el seno del CMI fue por la insistencia de las iglesias ortodoxas y pentecostales que se comenzaron a ver signos concretos que procuraban reflexionar sobre el tema. Hubo varios esfuerzos y consultas, y la propiciación de un espacio para el diálogo que culminó en la Asamblea de Canberra (1991). Allí la doctrina del Espíritu Santo, con sus variadas interpretaciones, puso el tema en la agenda ecuménica de manera bien visible. El énfasis central culminó en el concepto de justicia, paz e integridad de la creación, donde el Espíritu es convocado a renovar toda la creación, con dos ideas luminosas: el "Espíritu como epifanía" (Albert C. Outler) y el "Espíritu como afirmación de la vida en toda su plenitud" (Jürgen Moltmann). Estos dos distinguidos teólogos ecuménicos aportaron su reflexión para provocar, en su mejor sentido, una discusión más amplia.

Las últimas tres décadas han sido testigos de un renovado esfuerzo de parte de las principales denominaciones protestantes de acercamiento tanto a las iglesias pentecostales como a las ortodoxas. Se ha propiciado un proceso de diálogo católico-pentecostal, fruto de estas iniciativas ecuménicas. En los Estados Unidos la Sociedad de Estudios Pentecostales, fundada en 1970, se ha movido más y más hacia una apertura ecuménica que invita no sólo a eruditos pentecostales y católicos a un diálogo basado en una sólida producción teológica, sino también a eruditos carismáticos de las principales iglesias protestantes a un diálogo ecuménico sobre cuestiones cruciales que desafían el pensamiento ecuménico contemporáneo.

La Iglesia Cristiana (Discípulos de Cristo) en Estados Unidos, a través de su División de Ministerios de Ultramar, inició un proyecto experimental de cooperación con la Unión Evangélica Pentecostal Venezolana (UEPV) en 1963. Era un proceso inicial de acercamiento entre dos denominaciones tan diferentes, una liberal norteamericana, la otra pentecostal latinoamericana. Lo que coadyuvó en el acercamiento y la posterior profundización de las relaciones fueron tres circunstancias: el interés que la División de Ministerios de Ultramar de los Discípulos de Cristo estaba explorando desde 1959, de expandir sus relaciones ecuménicas en América Latina. Por otro lado, es importante notar la contribución del Rdo. Edmundo Jordán, un ex-misionero en Venezuela que había trabajado con los líderes que formaron la Unión Evangélica Pentecostal Venezolana (UEPV), fundada en 1957. A su retorno a Puerto Rico, el pastor Jordán se acercó a la Iglesia Cristiana (Discípulos de Cristo) en Puerto Rico y en 1955 fue aceptado como pastor de dicha denominación.

En el año 1959 el Rdo. Edmundo Jordán fue el predicador invitado a la Convención Nacional de la UEPV. De allí en adelante se sentaron las bases para una relación fraternal y ecuménica que fue creciendo hasta convertirse en una cooperación estable. Ese compañerismo en misión ha incluido el compartir personal misionero y el apoyo económico a programas de la UEPV, particularmente en educación cristiana y educación teológica. A través de los años delegaciones de las distintas congregaciones discípulos de Cristo en Estados Unidos han compartido con congregaciones locales en Venezuela, particularmente en la construcción de templos y capillas.

Desde 1999 se expandió el compañerismo en misión con la UEPV, pues la Región/Conferencia de las Rocallosas de la Iglesia Cristiana (Discípulos de Cristo) y la Iglesia Unida de Cristo, respectivamente, se comprometieron con la UEPV en un pacto de misión en varias áreas de colaboración mutua que incluyen el trabajo con la juventud, el intercambio de estudiantes de teología, y delegaciones en jornadas de trabajo en la construcción de capillas y en servicios médicos.

La relación entre estas dos denominaciones tan distintas y distantes logró superar muchas barreras y prejuicios por varias razones. Ambas denominaciones han sido pioneras del diálogo y la praxis ecuménica, con una reconocida trayectoria a nivel internacional. Desde el comienzo de la relación se introdujo un principio fundamental: Ni los discípulos de Cristo se convertirían en pentecostales, ni los pentecostales se convertirían en discípulos de Cristo. Hubo un compromiso desde el principio de decirse la verdad con integridad y honestidad.

Este compañerismo en misión ha estado cimentado en un verdadero "ecumenismo del Espíritu". La presencia del Espíritu se ha percibido como un agente de reconciliación, guía y aprendizaje, para crecer y madurar en la fe.

Lo que comenzó como un experimento en cooperación ecuménica ha llegado a ser un compañerismo en misión, bajo la dirección del Espíritu Santo. Es la más antigua y duradera relación entre una iglesia protestante histórica del Norte y una iglesia pentecostal del Sur.

Resumen

En el capítulo dos el énfasis giró en torno a tres dinámicas: Los modelos de unidad se fueron perfilando desde la práctica ecuménica cotidiana. Esas experiencias fueron dando elementos que, pasados por el crisol de la interpretación, derivaron en reflexiones que pretenden aclarar y aportar a un proceso continuo y abierto de constante examen y reformulación.

Los modelos de unidad no son camisas de fuerza ni posturas acabadas y definitivas. Son propuestas sujetas al debate y la reformulación. Su propósito fue más pedagógico que apologético.

3
Movimientos de unidad en los siglos XIX y XX

$\mathcal{P}$asamos ahora a una visión panorámica e histórica que nos ayude a comprender y conocer lo acontecido en los procesos de unidad en los siglos XIX y XX.

En el siglo XIX

El siglo XIX experimentó el surgimiento de intentos hacia la unidad en medio de diversas denominaciones. Hubo un impulso y entusiasmo, en parte influido por los llamados avivamientos en Estados Unidos a finales del siglo XVIII y principios del siglo XIX.

Estos avivamientos dieron impulso a las relaciones interdenominacionales de carácter misionero, evangelístico, educativo y social. El movimiento misionero, expresado y organizado en una diversidad de organizaciones, tuvo un gran auge en Europa y Estados Unidos, integrando, a pesar de las divisiones y competencias, la misión con la unidad cristiana.

La Sociedad Misionera Bautista, fundada en 1792 por Guillermo Carey en Inglaterra, fue la pionera en este nuevo impulso hacia el siglo XIX. Aunque en sus inicios era exclusivamente denominacional, con el tiempo Carey percibió la necesidad de abrirse a una mayor cooperación con otras denominaciones, e incluso propuso en 1806 convocar una conferencia misionera en el Cabo de Nueva

Esperanza, en Sudáfrica, para 1810, con sucesivas convocatorias cada 10 años. Este sueño no llegó a plasmarse.

Para el año 1795 otra sociedad misionera fue organizada, la Sociedad Misionera Londinense con la participación de presbiterianos, metodistas y anglicanos. La idea central era la propagación de la fe entre los paganos. Esta sociedad auspició y comisionó a misioneros de la talla de David Livingstone, Roberto Morrison y Roberto Moffatt.

Inspiradas por estos movimientos misioneros pioneros y por el optimismo y el impulso que las iglesias en Norteamérica y Europa le querían dar a la misión, surgieron la Sociedad Misionera Holandesa en 1797, la Junta de Comisionados de las Iglesias Congregacionales en Estados Unidos en 1810, la Misión de Basilea, Suiza, en 1815 y la Sociedad Evangélica Misionera de Paris en 1822. Estas iniciativas ilustran el punto central de lo que venimos enfocando, que para entender el proceso hacia la unidad cristiana es necesario entender la íntima relación entre la misión y la unidad— inicialmente expresada como un intento de cooperación y colaboración.

La necesidad de difundir y publicar versiones de la Biblia como parte del impulso de la obra misionera y la tarea evangelística misionera se transformó rápidamente en un vehículo para promover la unidad cristiana. Ello motivó la fundación de sociedades bíblicas que muy pronto se convirtieron en agencias interdenominacionales con interés en promover la unidad cristiana. Desde inicios del siglo XVIII hubo una sucesión de sociedades bíblicas, la primera de ellas auspiciada por el movimiento pietista en Alemania en 1710. La Sociedad Británica y Extranjera, fundada en 1804 en Inglaterra, contó con el apoyo de un movimiento laico fuerte que representaba varias denominaciones protestantes, y contaba con recursos financieros que la convirtieron en una agencia eficiente y bien organizada con personal adiestrado en la traducción y publicación de las Sagradas Escrituras.

En los Estados Unidos surgió un movimiento para la promoción y difusión de la Biblia inmediatamente después de la Guerra de Independencia. Fue así que en 1816 se encauzó y logró unir la voluntad de varias denominaciones que estaban sumamente interesadas en la "causa bíblica", como muchas veces se le ha llamado. De allí surgieron las Sociedades Bíblicas Unidas, que han incluido el apoyo de sectores católicos e incluso publicado versiones de la Biblia con la aprobación de la jerarquía de la Iglesia Católica Romana.

En el siglo XIX surgieron movimientos juveniles de carácter interdenominacional. Las dos entidades pioneras fueron la Asociación Cristiana de Jóvenes (ACJ) fundada en 1844 y la Asociación Cristiana Femenina, fundada en 1854, (ACF) ambas en Inglaterra. Estas organizaciones se expandieron muy rápidamente por todo el mundo e influyeron en la formación de otras organizaciones similares, sobre todo en las universidades. En Estados Unidos D.L. Moody, activo miembro de la ACJ, y muy interesado en el movimiento misionero y la evangelización, ayudó a fundar el Movimiento Estudiantil Voluntario, que fue un semillero tanto para el movimiento misionero como para las iniciativas ecuménicas en el siglo XIX. La figura más destacada aquí fue Juan R. Mott, líder estudiantil y embajador por la paz.

En Europa nació en 1895 la Federación Universal del Movimiento Estudiantil Cristiano (FUMEC), indiscutiblemente una de las entidades precursoras del Consejo Mundial de Iglesias, fundado en 1948. Allí se formaron prominentes líderes ecuménicos que llegaron a ocupar puestos importantes tanto en el Consejo Misionero Internacional (1921) como en el Consejo Mundial de Iglesias, antes mencionado. Entre otras personalidades se incluyen Phillip Potter, Mercy Oduyoye, Eduardo Campi, Richard Shaull, Leslie Newbigin, Mauricio López, D.T. Niles y M.M. Thomas.

La formación de la Alianza Evangélica en Londres en el año 1846 constituyó un hito importante en la búsqueda de unidad entre las iglesias evangélicas. Hubo más de 800 delegados de Estados Unidos, Canadá, Gran Bretaña, Escocia, Irlanda, Francia, Suiza, Holanda, Alemania y Suecia. El propósito primordial era promover la unidad espiritual no orgánica, para cultivar al amor cristiano y el compañerismo y propiciar iniciativas en común desde la fe cristiana. Se adoptó una postura evangélica conservadora de corte anti-católico.

El movimiento misionero moderno tuvo su momento de mayor expansión e impacto mundial en la segunda mitad del siglo XIX y principios del siglo XX. Kenneth Scott Latourette ha descrito el período de 1815-1914 como el gran siglo misionero. Fue un tiempo de gran efervescencia y logros, con diversidad de juntas misioneras denominacionales organizadas que provocaron consultas para la búsqueda de mayor cooperación y coordinación. Una de esas conferencias fue la celebrada en Madrás, India en 1900, con sucesivas conferencias en Inglaterra, en Nueva York en 1854 y nuevamente en Nueva York en 1900. Estas iniciativas coadyuvaron hacia la configuración y formación del movimiento ecuménico del siglo XX, como precursores en la búsqueda de unidad y cooperación en la tarea evangelizadora.

El siglo XIX estuvo dominado por fuerzas políticas tales como la expansión comercial y económica, las nuevas conquistas y el crecimiento comercial de las potencias occidentales como Inglaterra y Estados Unidos, y su predominio sobre el mundo no-occidental. Una estrategia neocolonial dominaba toda esa actividad, e influía en aquellas iniciativas del movimiento misionero. El impacto cultural e intelectual de aquella empresa misionera protestante, con la ideología del Destino Manifiesto, fue decisivo. Aunque no hubiera una estrategia concertada entre las iglesias y los gobiernos, sí hubo coincidencias e influencias en un proceso de claro predominio occidental.

En todo este proceso hacia la búsqueda de unidad hay que destacar algunos modelos claves de colaboración y cooperación. Uno de ellos fue el "comity" o acuerdo territorial en la estrategia misionera. La dinámica era designar zonas de influencia de cada denominación en los países, respetando las designaciones acordadas bajo ciertos criterios y límites. Otro modelo sería los seminarios unidos en cada país. En muchos países la unión orgánica para la formación de nuevas denominaciones también fue un intento de buscar la unidad entre las iglesias. Un cuarto modelo fueron las federaciones de iglesias o los consejos nacionales y regionales, como instancias de colaboración en áreas como el servicio social, la educación y los programas femeniles y juveniles, entre otras.

Evidentemente los avivamientos fueron una fuente importante en el intento de acercar a las iglesias en procesos de unidad. Por otro lado, el movimiento misionero se constituyó en el precursor por excelencia del movimiento ecuménico del siglo XX. Fue en el siglo XX que ese movimiento ecuménico tomó forma y expresión concretas en diversos organismos, instituciones y agencias ecuménicas.

Las familias confesionales también intentaron ofrecer una alternativa en la búsqueda de unidad dándole a cada familia mayor cohesión internacional y mayor visibilidad en los círculos ecuménicos. Entre esas organizaciones podemos mencionar las siguientes: La Conferencia de Lambeth (1867), organización que gira en torno al Arzobispo de Canterbury y el Consejo Consultivo Anglicano que convoca cada diez años a los obispos de la comunión anglicana a intensas conversaciones y diálogo. La Alianza Reformada Mundial (1875), que agrupa más de 170 iglesias reformadas y presbiterianas en todos los continentes. La ARM comparte sus oficinas centrales con el CMI y la Federación Luterana Mundial (FLM) en Ginebra. Sus programas se diseñan y organizan a partir de sus asambleas mundiales que aprueban estrategias a ser implementadas con carácter prospectivo y formativo, sin ninguna imposición u obligación. Semejante papel cumplen el Consejo Metodista Mundial (1881), el Consejo Internacional Congregacionalista (1891), la Alianza Bautista Mundial (1905), el Comité Mundial de los Amigos (Cuáqueros, 1920), la Federación Luterana Mundial (1923) y la Convención Mundial de las Iglesias de Cristo (movimiento Stone-Campbell, 1930).

Estas organizaciones de familias confesionales están compuestas por una membresía diversa cultural, étnica, doctrinal y teológicamente. El consenso doctrinal es mínimo en una gama de posturas bien diversas.

En el siglo XX

La Conferencia Mundial de Misiones en Edimburgo (1910) marcó la transición del movimiento misionero moderno al movimiento ecuménico del siglo XX. Fue un evento de carácter global con representación de todos los continentes y las grandes sociedades misioneras de Estados Unidos y Europa. Bajo el liderato del Dr. John R. Mott, la conferencia se abocó a temas tales como: la proclamación del evangelio al mundo no-cristiano, la educación y su relación con la formación cristiana en la vida nacional, las iglesias y los campos misioneros, el mensaje misionero en relación con las religiones no-cristianas, la preparación de los misioneros, la sede principal de las juntas misioneras, misiones y relaciones con gobiernos, cooperación y promoción de la unidad.

Hubo un comité de continuación presidido por el Dr. John R. Mott que se dedicó a interpretar e implementar algunos de los acuerdos, sobre todo animando la formación de consejos nacionales de iglesias y la cooperación misionera. De allí surgió la formación del Consejo Misionero Internacional en 1921, constituyendo una instancia de encuentro, coordinación y acercamiento entre las sociedades misioneras y los consejos nacionales de iglesias que iban formándose.

El proceso que llevó a la formación y fundación del Consejo Mundial del Iglesias, como expresión visible de la unidad cristiana, estuvo marcado principalmente por dos procesos paralelos. Por un lado, se sucedieron conferencias de fe y orden cuyo énfasis central eran los aspectos doctrinales. Por el otro lado, las conferencias de vida y obra, cuyo eje central era la obra social.

La primera conferencia de Fe y Orden se celebró en Lausana en 1927. Al discutir sobre aspectos doctrinales surgieron discrepancias y diversidad de opiniones, como era de esperarse al juntar más de 125 confesiones cristianas. Sin embargo, se logró un consenso que permitía afirmar los credos Niceno y Apostólico como punto de partida de la fe y un acuerdo mínimo sobre tres formas de gobiernos eclesiástico como expresiones del orden.

La siguiente conferencia de Fe y Orden se celebró en Edimburgo en 1937. Ya aquí las conversaciones comenzaron a girar en torno a la unión de las iglesias y temas cruciales como la gracia del Señor Jesucristo, la Palabra de Dios, el ministerio y los sacramentos, y la unidad de la iglesia en su vida y culto.

La primera conferencia de Vida y Obra, en Estocolmo en 1925, fue la primera consulta ecuménica que se concentró en aspectos relacionados con la acción social a un nivel más amplio. Se intentaba dar testimonio a través de la acción más bien que a través de la doctrina. Aunque hubo algunas diferencias entre las delegaciones que enfatizaban una visión del reino de Dios como promoción de la justicia y otras que insistían en la prioridad de la proclamación del evangelio, finalmente se pudo aprobar un mensaje que proclamaba el evangelio del Reino y sus implicaciones sociales.

La segunda Conferencia de Vida y Obra (1937) tuvo lugar en Oxford, Inglaterra. Con la Segunda Guerra Mundial y sus efectos se vivieron tiempos difíciles en Europa. Estos eventos empañaron un tanto el impacto de la conferencia, aunque se logró avanzar en la consideración de algunos temas como la iglesia y el estado, la iglesia y la comunidad, el orden económico, la educación y el escenario mundial. Ya aquí se hizo más evidente el deseo de continuar los esfuerzos para constituir un consejo mundial de iglesias.

En marzo de 1938 en Utrecht, Alemania se constituyó el Consejo Mundial de Iglesias (CMI), expresando la voluntad de formar una fraternidad de iglesias que afirmarán a Jesucristo como Señor y Salvador. Uno de los asuntos claves en la formación de dicho Consejo era que este organismo ni legislaría ni hablaría por las iglesias, respetando su autonomía e identidad propias. Sí hubo una clara afirmación de propiciar la unidad de las iglesias y hacerla más visible por el testimonio común. Al estallar la Segunda Guerra Mundial se tuvo que aplazar la primera asamblea de CMI por diez años. Para 1946 el CMI ya contaba con 93 iglesias miembros en 33 países.

La primera asamblea plenaria del CMI se llevó a cabo en Ámsterdam, Holanda. Asistieron 351 delegados de 147 iglesias miembros en 44 países. La asamblea procedió a ratificar la nueva constitución, nombrando un comité central de 90 miembros. El tema central fue: "El desorden del hombre y el diseño de Dios". Hubo dos presentaciones principales. El secretario de Estados de los Estados Unidos, John Fuster Dulles, desde la perspectiva capitalista y el profesor Josef Kromádka de Checoslovaquia, desde la perspectiva socialista. Desde sus inicios el CMI demostró ser un foro para el diálogo y el debate.

Aunque el CMI comenzaba con buenos auspicios le aguardaban muchos cuestionamientos y no pocas controversias a través de las subsiguientes décadas. Aunque la base doctrinal era bien sencilla, la diversidad teológica, eclesiástica, cultural, social y geográfica que pretendía cubrir era compleja y desafiante.

La segunda asamblea del CMI se efectuó en Evanston, IL, Estados Unidos. Bajo el tema general, "Cristo, la Esperanza del mundo", un grupo aún mayor de iglesias de todo el mundo se dio cita para tratar de buscar un consenso entre las teologías liberal y conservadora alrededor de un tema tan sugestivo. La tensión alrededor de lo que implicaba una cristología que llamaba a proclamar la esperanza cristiana aquí y ahora, y otra que subrayaba una segunda venida de Cristo en el futuro, dificultaba el diálogo y la búsqueda de un terreno común. Hubo serias dificultades para formular un mensaje de toda la asamblea. Un tema candente fue la relación este-oeste en el contexto de la llamada Guerra Fría, y el papel de las iglesias en países capitalistas y comunistas.

La tercera asamblea marcó un hito importante en el CMI. En primer lugar, la sede del evento fue Nueva Delhi, India, 1961, fuera del mundo occidental. Por primera vez la Iglesia Católica Romana estuvo oficialmente representada con cinco delegados. Entre las nuevas iglesias miembros cabe destacar dos iglesias pentecostales latinoamericanas, ambas de Chile: La Iglesia Cristiana Pentecostal y la Misión Iglesia Pentecostal. La Iglesia Ortodoxa Rusa también se incorporó como miembro del CMI. De aquí en adelante habría más iglesias de África, Asia, Latinoamérica y el Caribe. Fue creciendo así la presencia del llamado Tercer Mundo en el CMI. El tema mismo de la asamblea sentaba una tónica promisoria, "Jesucristo, la Luz del Mundo". Se abordaron temas sobre el servicio cristiano, el testimonio y la unidad.

Como parte del ambiente franco y entusiasta que reinaba se plantearon dos aspectos doctrinales que incomodaban a algunas iglesias. Justamente los ortodoxos plantearon la necesidad de hacer una mayor referencia al Espíritu Santo, y por ende a la Trinidad, posición que complació a los nuevos miembros pentecostales. Otras iglesias protestantes querían ver mayor énfasis sobre la autoridad de las Sagradas Escrituras. Fue así como se amplió la sencilla formulación doctrinal del CMI.

La cuarta Asamblea del CMI se llevó a cabo en Upsala, Suecia, en 1968. El tema fue: "He aquí yo hago nuevas todas las cosas". El contexto internacional era agitado y desafiante. Las revueltas estudiantiles, particularmente en Estados Unidos y Europa, contra la guerra en Vietnam y a favor de la paz, la búsqueda de una socialismo con rostro humano en los países del Este, la llamada primavera de Praga con Alejandro Dubcek y su frustración por la intervención soviética, la oleada de las teologías de la secularización y la "muerte de Dios" que influían en varios seminarios norteamericanos, los movimientos de liberación en África, Asia y las Américas y la teología de la liberación que daba sus primeros pasos.

En Upsala 1968 el CMI, como agente catalítico del movimiento ecuménico intentó, articular una respuesta a ese panorama tan retador. Uno de los puntos más sobresalientes y polémicos fue la creación de un programa para combatir el racismo, teniendo como eje central la lucha contra el apartheid en África del Sur. El impacto de la secularización se vio como una oportunidad para considerar los temas de la liberación y el desarrollo como expresiones de un panorama mayor de opresión económica, política y social en los llamados países del Tercer Mundo, que clamaban por la justicia estructural más que meramente personal.

Al llegar a Nairobi, Kenia en 1975, el CMI seleccionó para su quinta asamblea como tema, "Jesucristo libera y une." El énfasis era la fidelidad de Dios y la justicia en el reinado de Dios. Además, se insistió en hacer mucho más visible la unidad en una comunidad conciliar donde el diálogo confesional-doctrinal fuera más intenso e intencional. De esta forma se elaboró el documento Bautismo, Eucaristía, Ministerio, que provocó una amplia discusión sobre esos temas a nivel mundial como nunca antes entre diversas confesiones cristianas.

En 1983 la sexta asamblea del CMI se reunió en Vancouver, Canadá, bajo el tema "Jesucristo, la vida del mundo", respondiendo a la situación de represión y tortura, violación a los derechos humanos, la carrera armamentista, la situación de opresión económica y la crisis ecológica. El énfasis era reclamar que el mundo de Dios está amenazado por fuerzas de muerte y se hace imperativo afirmar la vida, propiciando la búsqueda de un nuevo orden económico internacional. Se animaba a las iglesias miembros a continuar enfatizando la justicia y la defensa de la creación.

Cuando se inicia la séptima Asamblea del CMI en Canberra, Australia (1991), el énfasis se inclina hacia un asunto acuciante y pertinente: el cuidado de la creación. A ello se une la efervescencia e impacto que la doctrina del Espíritu Santo ha impreso en el cristianismo mundial. Por esa razón, el tema central es: "Ven, Espíritu Santo, renueva la creación". Ya en 1990 se había llevado a cabo en Seúl, Corea, una conferencia mundial sobre el tema Justicia, Paz e Integridad de la Creación.

En la década anterior hubo una sucesión de consultas y grupos de trabajo auspiciados por el programa de Justicia, Paz e Integridad de la Creación (JPIC) del CMI, en todos los continentes, sobre ese tema. Incluso, la Iglesia Católica Romana participó oficialmente de aquella conferencia, aunque se abstuvo de votar a favor de la declaración final y adujo que estaban allí solidariamente, pero que su agenda era un tanto distinta a lo expresado en esa consulta del CMI. Las dimensiones regionales y locales fueron configurando y perfilando una propuesta que por un lado reclamaba una postura ética más inclusiva que hiciera justicia a toda la creación, y por otro un esfuerzo programático que educara a las iglesias sobre estos asuntos y participara en procesos nacionales, reclamando tanto acciones concretas de los gobiernos así como de los sectores de la sociedad civil y de los movimientos sociales.

Los delegados y delegadas de las 317 iglesias miembros del CMI debían considerar seriamente el informe que la consulta del programa JPIC les había referido. Pero lo más crucial de toda la asamblea del CMI en Canberra fue la discusión sobre el papel, lugar y teología del Espíritu Santo. Hubo dos posiciones extremas. La del patriarca Parthenios de Alejandría, Egipto, cuyo discurso fue leído en su ausencia, sostuvo una postura tradicional y enfática sobre el papel del Espíritu Santo en la iglesia, visible en la iglesia a través del magisterio, en la liturgia como drama cósmico y escatológico y en los fieles como comunión en el Espíritu. El patriarca citaba las fuentes doctrinales y teológicas en las que se basa el cristianismo oriental históricamente. Del otro lado, la joven teóloga coreana presbiteriana, Chung Hyung-Kyung, recurrió a las tradiciones espirituales de los ancestros, con acto dramático bailado de invocación de los espíritus, resaltando la interacción entre el Evangelio y la cultura, desde su tradición coreana. El revuelo en la propia asamblea, y en las semanas sucesivas a nivel mundial, no se hizo esperar.

Sin embargo, en Canberra continuó la discusión sobre el documento Bautismo, Eucaristía y Ministerio (BEM) y las recomendaciones para que se reconociera el bautismo como era administrado por las distintas confesiones cristianas en un esfuerzo de mutuo reconocimiento e implementar la Liturgia de Lima, documento que ya la Comisión de Fe y Constitución había aprobado y referido a las iglesias miembros. Las iglesias ortodoxas cuestionaron lo que para ellas eran algunas desviaciones doctrinales y excesivos énfasis en asuntos periféricos y el peligro del diálogo interreligioso sin límites ni criterios doctrinales.

Para muchas iglesias miembros del CMI los desafíos del mundo globalizado eran más evidentes, y los cambios en el panorama religioso en todos los continentes las mantenía en guardia contra lo que veían como posibles confusiones en lo que se entendía como la inculturación o la encarnación cultural del Evangelio. Por varias décadas el CMI había insistido en el diálogo con las culturas; ahora se transitaba hacia una nueva encrucijada, en un mundo más complejo.

El proceso que va desde la primera asamblea del CMI, Ámsterdam, 1948, hasta la octava Asamblea en Harare, Zimbabwe, 1998, estuvo marcado por una fuerte crisis financiera, estructural, programática y estratégica para el CMI. Esos 50 años dejaban un saldo positivo de esfuerzos hacia la unidad, pero marcaban también una posible fatiga institucional para la expresión organizada del movimiento ecuménico que conocemos como el Consejo Mundial de Iglesias. Para muchos líderes era obvio que un cierto agotamiento del llamado "modelo ginebrino" de unidad, entraba en crisis. Eran tiempos de transición, y a escala mundial se sentía el peso de las guerras y conflictos en casi todos los continentes, los procesos de confrontación religiosa, el deterioro ecológico y la desconfianza creada hacia una "cultura globalizada" que creaba reacciones muy ambiguas y contradictorias. Lo que parecía un avance tecnológico se convertía en una experiencia de marginación y exclusión para millones de habitantes en el mundo, y propiciaba la lucha contra la desigualdad social

El intento en Harare fue propiciar espacios para afirmar la esperanza bajo el tema "Buscad a Dios en la alegría de la esperanza". La solidaridad con las personas discapacitadas fue un motivo central en aquella Asamblea de 1998, con el objetivo de visibilizar un sector postergado en la sociedad. De allí se lanzó la Década Contra la Violencia como eje central de la estrategia programática del CMI.

La más reciente Asamblea del CMI, celebrada en Porto Alegre, Brasil en el 2006, tuvo como su tema central "Dios, en tu gracia transforma el mundo". Es importante destacar que ésta fue la primera Asamblea del CMI en Latinoamérica. Hay que subrayar el contexto latinoamericano, las grandes expectativas y el impacto mediático que logró. Además, tanto el Consejo Latinoamericano de Iglesias (CLAI) como el Consejo Nacional de Iglesias de Brasil (CONIC), participaron activamente en el planeamiento y conducción de la Asamblea. El propio presidente de Brasil, Luiz Inácio (Lula) da Silva, dio todo el apoyo de su administración al evento y se dirigió al pleno de la asamblea, reiterando su gratitud personal por la solidaridad del CMI en el área de los derechos humanos y los movimientos eclesiales de base en Brasil.

A través de la Asamblea de Porto Alegre se enfatizaron tres elementos fundamentales: el estudio bíblico contextualizado utilizando el concepto de Mutirao (la comunidad unida resolviendo problemas, celebrando la vida), el conversatorio ecuménico con 22 tópicos para discusión y las plenarias llenos de color, música y alegría, tan típicos de la cultura brasileira.

La Asamblea de Porto Alegre estrenó el modelo de consenso parlamentario que la tradición ortodoxa había propuesto para dirimir y resolver asuntos cruciales. Para las iglesias ortodoxas la búsqueda de consenso se logra en la fraternidad eclesial que subraya un principio sacramental de diálogo y comunión. Aunque se dé lugar a la disidencia el propósito de la comunidad de fe es lograr "una sola voz, en un solo cuerpo". Algunos sectores protestantes en el CMI han objetado este principio aduciendo que desvía la atención de asuntos vitales que ameritarían debate, decisión y acción concreta.

Al finalizar la Asamblea en Porto Alegre, el CMI confronta una situación crítica que incluye la pregunta básica sobre su papel convocante como líder del movimiento ecuménico, la participación de las iglesias en la decisiones más trascendentes, el respeto mutuo dentro de un espacio diverso y múltiple, los desafíos del mundo globalizado, la expresión institucional con sus ejes programáticos, y la financiación de los mismos. Desde el 2006 algunos de estos asuntos se han profundizado y varios programas estratégicos han tenido que cerrarse. El debate sobre el futuro institucional del CMI se torna crítico.

Hay nuevos foros que comienzan a propiciar espacios para el diálogo ecuménico, como el Foro Cristiano Mundial que ha extendido la convocatoria a sectores cristianos más conservadores que perciben con sospecha las posturas del CMI. Este espacio es muy tentativo y solamente ofrece un ambiente de cordialidad y espíritu fraternal sin entrar en cuestiones programáticas ni discusiones teológicas. Muchos sectores que participan en el CMI aplauden esta iniciativa, pero no le ven una sustentación organizativa a mediano o largo plazo.

En Latinoamérica y el Caribe

La primera aparición del movimiento protestante en América Latina y el Caribe data de 1528 con la colonia de los Welser en Venezuela. La segunda colonia hugonote se instauró en Brasil en 1555. Un tercer grupo fue el de la colonia holandesa en Pernambuco, Brasil, en el siglo XVII. Estos grupos eran mayormente inmigrantes dedicados al comercio, sin un interés misionero. Todos estos grupos tuvieron un carácter transitorio.

En el protestantismo liberal

La reaparición del protestantismo, a principios del siglo XIX, se da bajo el influjo de las corrientes filosóficas del iluminismo, los movimientos independentistas en toda la región, la expansión europea, y el desarrollo comercial con el surgimiento del capitalismo liberal. Por tal razón, junto con los empresarios industriales y hombres de negocios llegan los misioneros como colportores bíblicos, maestros y evangelistas.

Con el impacto liberal muchos políticos le dan la bienvenida al liberalismo protestante como una nueva fase del cristianismo y una nueva etapa civilizatoria para Latinoamérica y el Caribe. Es la época del mayor despliegue de sociedades misioneras protestantes, especialmente desde Estados Unidos. Latinoamérica y el Caribe serán "campo de misión" privilegiado. Como complemento llegan las Sociedades Bíblicas como agencia de misión y promoción.

Toda esa expansión misionera plantea tres problemas que se abordarán a partir de la estrategia misionera y evangelizadora: (1) el problema de la cooperación entre las misiones y la búsqueda de una estrategia común, (2) la participación de los latinoamericanos y latinoamericanas en la misión, y (3) el proceso de "latinoamericanización" de las iglesias.

Un primer acercamiento para abordar estos asuntos se da cuando las misiones protestantes norteamericanas crean el Comité de Cooperación en América Latina, en 1913. La preocupación por organizar este comité surgió cuando la Conferencia de Edimburgo (1910) no vio como prioridad la evangelización de América Latina y el Caribe. Por ello se convocó una consulta de las juntas misioneras para delinear las estrategias del trabajo misionero en la región.

Fue en 1913 que la Foreign Conference of North America (Conferencia de Misiones Foráneas de Norteamérica) planteó la necesidad de un congreso sobre el trabajo misionero, que finalmente se llevó a cabo en Panamá (1916). El problema de la cooperación misionera fue el eje central de las discusiones.

El Comité de Cooperación en América Latina (CCAL) se encargó de organizar conferencias sucesivas a nivel regional y continental. Una función que cumplió el CCAL fue superar la descoordinación entre las juntas misioneras y las iglesias nacionales. Las áreas en las que se coordinó el trabajo fueron: casas editoras evangélicas, cooperativas, programas de alfabetización, plan de estudios para la educación cristiana y la tarea del colportaje bíblico y la difusión de literatura relacionada con temas bíblicos.

Uno de los temas más acuciantes para las juntas misioneras era la "ocupación de territorios" para la misión. Ese fue el motivo básico para constituir un comité de acuerdo ("comity") que buscara una forma aceptable para dividir los territorios misioneros en cada país. El propósito de este comité era, además, aunar los esfuerzos estratégicos, programáticos y prácticos. Muy pronto se descubrió que había competencia excesiva, traslapo y una ambición desmedida por la ocupación de nuevos territorios. Sin embargo, el problema debía ubicarse en la perspectiva más amplia de la relación entre América Latina y el Caribe y los Estados Unidos, y la estrategia misionera global. Este tema ha sido una fuente de constante tensión entre las iglesias del Norte y del Sur por más de nueve décadas.

El primer paso efectivo para la consecución de un plan de acuerdo se confirmó en lo que se conoce como el Plan de Cincinnati (1914). El plan era asignar territorios, y reclamaba la cooperación de todas las juntas misioneras para una distribución lógica y concertada. El acuerdo se circunscribía en esta etapa inicial a México, pero muy pronto se extendió a países como Brasil, Perú, Puerto Rico, Cuba y Venezuela. La cooperación y el esfuerzo mutuo eran de vital importancia en la propuesta.

El Congreso sobre la Obra Cristiana de Panamá (1916) tomó el acuerdo como uno de sus puntos principales. Se establecieron pautas para la delimitación territorial, el arbitraje, el mejor uso de los recursos para evitar la duplicidad y un principio de ocupación dentro de un marco de planificación Las juntas misioneras llegaban al campo misionero ya divididas, y era tarea ardua lograr la cooperación y la coordinación.

El Congreso de Montevideo sobre la Responsabilidad Social (1925) enfatizó los aspectos sociales de la democracia y la búsqueda de una "identidad latinoamericana" para el incipiente protestantismo que se iba implantando. Estamos ahora en una etapa que inauguró la participación de los líderes latinoamericanos a nivel regional y continental. Ya el movimiento va desde el control misionero y la cooperación entre las juntas misioneras a la toma de conciencia sobre el carácter latinoamericanista y auténticamente evangélico de iglesias establecidas y encarnadas en la vida de las sociedades latinoamericanas.

Fue en el Congreso Evangélico de La Habana (1929) donde la influencia liberal se hizo más evidente. Surge el tema de la "solidaridad evangélica", dentro de marco del panamericanismo religioso y del movimiento de cooperación, liderado por el misionero de los Discípulos de Cristo Samuel Guy Inman. Allí se comienza a perfilar la búsqueda de un organismo continental, que finalmente se planteó como la formación de una "Federación Internacional Evangélica", incluyendo a España y Portugal. Aquí el liderato latinoamericano y caribeño busca la configuración de un movimiento ecuménico, para retomar el camino difícil de la misión y la unidad.

En la década del 30 el movimiento protestante liberal intensifica su trabajo en la creación de nuevas congregaciones y el envío de nuevos misioneros desde Estados Unidos. Hay una sistematización del trabajo misionero en sus niveles administrativos, evangelísticos, de apoyo logístico y económico. Este sector liberal va a resaltar la educación, con énfasis en las élites intelectuales.

Al nivel ecuménico el trabajo fue mucho más lento. A excepción del trabajo juvenil, sobre todo en el Cono Sur, la cooperación ecuménica no avanzó mucho. La crisis económica mundial, a raíz de la gran depresión de los años 30, hizo que la década del 30 al 40 casi no viera una proyección continental. A partir de 1941 se anima el trabajo de las organizaciones ecuménicas con la fundación de la Unión Latinoamericana de Juventudes Evangélicas (ULAJE), fruto del Primer Congreso Latinoamericano de Juventud Evangélica en Lima, Perú (1941), bajo el lema "Con Cristo un Mundo Nuevo". En 1946 ULAJE organiza su segundo congreso en La Habana, Cuba (1946), bajo el lema "La juventud cristiana y la libertad". Este movimiento irradió un nuevo entusiasmo en la búsqueda de unidad en el Caribe y otras regiones latinoamericanas, especialmente en Brasil y el Cono Sur.

La I Conferencia Evangélica Latinoamericana se celebró en Buenos Aires, Argentina (1949). Por primera vez tenemos una verdadera conferencia de iglesias latinoamericanas. Se retomaron los temas de la educación y la formación teológica, pero se insiste en el análisis sobre la realidad social, económica y política. La caracterización de los problemas en la línea liberal predominó en este sector protestante. También se reclama la necesidad de una presencia y compromiso de las iglesias en una evangelización que tome en serio los problemas sociales de las masas populares.

La II Conferencia Evangélica Latinoamericana se llevó a cabo en Lima, Perú (1961). Dos temas resaltan inmediatamente: "Nuestro mensaje y nuestra tarea inconclusa". Al afirmar que Cristo es la esperanza para la América Latina se subraya la necesidad de un testimonio eficaz, una actitud de humildad en el cumplimiento de la misión y una profundidad teológica en la proclamación evangélica. En cuanto a la tarea inconclusa se afirma que se debe cumplir la Gran Comisión con la conducta personal y la militancia social. Hay que anunciar a todo el continente latinoamericano el mensaje del Evangelio, y encarnarlo en todas la capas sociales.

La III Conferencia Evangélica Latinoamericana insistió en una visión nueva de la realidad social. Se tomó una "nueva conciencia" en el papel evangelizador de las iglesias, que incluye ponerse del lado de la libertad y la justicia. La situación de subdesarrollo exige cambios estructurales para transformar los sistemas económicos y políticos dominantes y buscar "estructuras de humanización". Esta conferencia estuvo muy influida por las reflexiones de Iglesia y Sociedad en América Latina (ISAL, 1961), un movimiento más radical y de línea profética, fundado por teólogos y sociólogos católicos romanos y protestantes. Este grupo es precursor de la teología de la liberación desde la perspectiva protestante.

El impacto de la Conferencia del Episcopado Latinoamericano (CELAM, 1968) en Medellín, Colombia, fue un hito importante que impactó a todo el movimiento ecuménico latinoamericano y caribeño. El énfasis en asumir la realidad social y política de Latinoamérica y el Caribe en tesitura profética y como respuesta a los planteamientos emanados del Concilio Ecuménico Vaticano II

(1962-1965) ejerció un influjo determinante en el desarrollo de la teología de la liberación latinoamericana, y en el movimiento ecuménico en general.

El complemento de ISAL lo constituyó la Comisión Evangélica Latinoamericana de Educación Cristiana (CELADEC, 1961), un organismo de carácter eclesiástico que impactó a las iglesias con su Curso Hispanoamericano y la producción de materiales educativos con claro énfasis ecuménico.

La Comisión Provisional pro Unidad Evangélica Latinoamericana (UNELAM, 1964) nacida en Montevideo, Uruguay, se establece con el propósito de canalizar todas estas corrientes y promover la unidad, en consulta con las iglesias, hacia la realización del sueño tantas veces pospuesto de organizar un organismo continental que convocara a todas las iglesias que desearan participar en una gran asamblea. La Comisión Provisional creyó que el año 1978 era el indicado para convocar una asamblea de iglesias, entendiéndose que el tiempo era maduro y las condiciones propicias. La realidad latinoamericana y caribeña se encontraba en un punto crítico de luchas sociales y políticas, dictaduras férreas y economías deficientes. Fue así como en Oaxtepec, México, se celebró la Asamblea de Iglesias de América Latina. Allí se concluyó el mandato y función de UNELAM y se decidió el proceso para el establecimiento del Consejo Latinoamericano de Iglesias (CLAI, en formación). El proyecto misionero liberal y su propuesta de unidad llegaban a un punto culminante. Cuando se llega a la constitución oficial del CLAI en Huampaní (Perú, 1982), ya hay una estrategia que entiende la evangelización y misión como un compromiso con la vida de los pobres, marginados, excluidos, perseguidos y torturados, como lo ha reflejado el CLAI en sus programas pastorales (solidaridad, consolación, mujeres, familia, niños, jóvenes, salud, ecología y luchas específicas de las etnias).

El CLAI ha pasado por sus crisis como toda entidad ecuménica y ha tenido que ir reconfigurando su agenda para responder a los nuevos retos que enfrentan las iglesias en el continente.

La Conferencia de Iglesias del Caribe (CCC) es otro proyecto ecuménico que se fue forjando por varias décadas en el Caribe. La precursora de la CCC, por sus siglas en inglés, fue la Acción Cristiana para el Desarrollo (CADEC), establecida en 1957 después de una consulta sobre el tema en Puerto Rico. Varias iglesias de la región, Estados Unidos y Europa, y algunas agencias ecuménicas, visualizaban como un imperativo la necesidad de apoyar iniciativas de desarrollo social y comunal en el Caribe. Desde la consulta en 1957 hasta 1971, CADEC seguía formulando, proponiendo y ejecutando proyectos regionales y locales. Pero ya en ese momento hacía falta una instancia con más fuerza, representatividad y presencia ecuménica. Fue así que se organizó en 1971 una comisión que se encargaría de convocar a las iglesias para constituir una conferencia o consejo de iglesias caribeñas.

La Conferencia de Iglesias del Caribe (CCC) fue fundada en Kingston, Jamaica en 1973. El tema central fue "La mano derecha de Dios". Se congregaron 18 denominaciones protestantes, incluyendo la Conferencia Episcopal de la Iglesia Católica Romana en las Antillas. La conferencia designó como temas centrales y estratégicos la liberación humana, la justicia social y la dignidad. Por las siguientes dos décadas la CCC fue un organismo ecuménico convocante en la región del Caribe. Hubo una colaboración constante entre el Consejo Nacional de Iglesias de Cristo en los Estados Unidos, el Consejo Mundial de Iglesia, la Conferencia de Iglesias del Caribe y, a partir del 1978, el Consejo Latinoamericano de Iglesias. Quien esto escribe fue personal de enlace del CLAI con la CCC cuando fungió como secretario regional del Caribe Hispano del CLAI (1983-1986).

La CCC pasó por una seria crisis estructural y financiera. En reunión celebrada en Matanzas, Cuba, en junio del 2009, el Sr. Gerard Granados compartió la realidad financiera y "el agotamiento y la fatiga en las iglesias de la región" (sus palabras). Es evidente que el Caribe, en todas las expresiones multicolores que lo componen, pasa por una severa crisis política, social y económica. Sin embargo, Gerard Granados, un laico católico romano, sigue con cierto optimismo cauteloso intentando mantener la vigencia y pertinencia de esa instancia ecuménica.

En el protestantismo evangélico

El modelo de las misiones de fe ("faith missions") surge de los movimientos evangélicos de avivamiento en Inglaterra y Estados Unidos. El fervor evangelizador les llevó al fervor misionero. Muy típico de este modelo es concebir la llamada empresa misionera desde la visión de un líder carismático, como pasó frecuentemente. Incluso, muchas veces se daba un abierto desafío a la iglesia institucional, organizando asociaciones misioneras voluntarias. Casi todas esas iniciativas tenían el respaldo de creyentes que ofrendaban generosa y voluntariamente. El esfuerzo era reclutar a los evangélicos comprometidos con la gran comisión para que asumieran la promoción, el patrocinio y el establecimiento de iglesias en otras partes del mundo.

Frente al modelo confesional de las juntas misioneras de corte denominacional, las misiones de fe proyectaron la imagen de cierta flexibilidad confesional, permitiendo que líderes de varias denominaciones se unieran en asociaciones misioneras, frecuentemente bajo el consenso de una predicación premilenarista, fundamentalista y cargada de rigor ético.

Las misiones de fe pusieron mucho énfasis en la fundación de iglesias nacionales independientes que se salían del molde denominacionalista. Se hacían combinaciones de distintas tradiciones eclesiásticas, creando nuevas síntesis, tanto en lo teológico como en lo estructural y administrativo.

Uno de los desafíos que enfrentaron estas misiones de fe fue la necesidad de alguna instancia que las identificara y coordinara. Este fue el motivo principal para la fundación de la Asociación Interdenominacional para la Misión Extranjera (IFMA, 1917). Era una fraternidad de misiones sin afiliación denominacional y con una afirmación de fe que se adhería a las doctrinas fundamentales de lo que ellos denominaban "una fe histórica", de corte "evangelical" conservador.

El desarrollo y la expansión de estas misiones de fe se canalizó mediante el esfuerzo en áreas como misiones médicas, publicaciones de tratados, la preparación de nuevas versiones bíblicas, el montaje de programas evangelísticos radiales, programas para jóvenes, mujeres y niños, fundación de escuelas, orfanatorios y agencias de desarrollo y asistencia social, entre otros.

A partir de 1948 un importante grupo de agencias llamadas paraeclesiales comenzó un proceso de consulta y coordinación, a raíz del vigésimo quinto aniversario de la fundación del Seminario Bíblico Latinoamericano de San José, Costa Rica. De esa experiencia surgieron los siguientes organismos o programas: Literatura Evangélica para América Latina (LEAL), Difusiones

Interamericanas (DIA), Evangelismo a Fondo (EVAF), Consulta sobre Evangelización (CLASE, 1962) y el primer Congreso de Evangelización (CLADE I, 1969). Todas ellas apuntaban a buscar mayor unidad y coordinación en la estrategia misionera. Además, propiciaron y promovieron organismos que hicieron un impacto considerable en todo el protestantismo latinoamericano y caribeño.

Tal es el caso de la Fraternidad Teológica Latinoamericana (FTL, 1970) que ha reunido una grupo impresionante de teólogos y teólogas de reconocida trayectoria eclesiástica y académica. Este grupo se ha esforzado en proveer un espacio de diálogo, reflexión y producción teológica que mantiene su identidad evangélica y adopta una metodología contextual en su quehacer teológico en lo que podría llamarse, "una teología evangélica contextual para América Latina". Sus revistas, libros y simposios constituyen una gama impresionante de reflexión que ya es un legado para las iglesias latinoamericanas. En las últimas cuatro décadas la FTL ha sido un vaso convocante que incluso ha tendido un puente de diálogo con el sector del protestantismo liberal, a través de sus congresos continentales, llamados Congresos Latinoamericanos de Evangelización: CLADE I (1970), CLADE II (1979), CLADE III (1992), CLADE IV (2000).

La Confraternidad Evangélica Latinoamericana (CONELA) es el intento de los evangélicos conservadores que deseaban propiciar un espacio de diálogo y encuentro que respondiera a sus principios doctrinales y teológicos frente a las posturas más liberales del CLAI. La Alianza Evangélica Mundial y la Asociación Nacional de Evangélicos de los Estados Unidos auspiciaron la convocatoria, y junto a la Asociación Evangelística de Luis Palau se abocaron a organizar un encuentro en América Latina para explorar las posibilidades de formar un organismo eclesiástico evangélico latinoamericano y caribeño.

Hay que subrayar que este proyecto fue en parte inspirado por el movimiento evangélico conocido a nivel mundial como el Pacto de Lausana, Suiza, con su Comité de Evangelización de Lausana. El encuentro tuvo lugar en Panamá, en abril de 1982 con el compromiso expreso de reafirmar una opción bíblica conservadora, fiel a la evangelización, de corte fundamentalista, en contraposición al CMI y el CLAI. Alrededor de 200 delegados, provenientes de 98 denominaciones, pero sin representación oficial de ninguna de ellas, formaron la Confraternidad Evangélica Latinoamericana (CONELA).

CONELA ha tenido un peregrinaje accidentado. Su debilidad institucional (al no representar a las iglesias sino a individuos) la ha privado de ser un ente eficaz y legítimo como expresión auténtica del sentir y pensar de aquellas iglesias conservadoras que no lo han asumido como su proyecto de unidad.

En el protestantismo pentecostal

El movimiento pentecostal es parte del movimiento misionero. En Latinoamérica surgió como parte de un movimiento de renovación dentro de las llamadas iglesias históricas, particularmente en Chile y Brasil.

Hay tres sectores predominantes en el movimiento pentecostal latinoamericano y caribeño. En primer lugar, las iglesias de inmigración, establecidas por grupos étnicos emigrados de Europa. Este sector contaba con un número significativo de obreros urbanos. Algunos de los rasgos distintivos de estas comunidades eran su fervor evangelizador, la asistencia social a los pobres y el desarrollo de comunidades de auto-sostén. Las más sobresalientes han sido las comunidades formadas en Santiago de Chile (mayoritariamente de las Asambleas de Dios) y las congregaciones lideradas por Luigi Francescon, misionero carismático originalmente valdense en Italia, que fundó la Congregación Cristiana de Brasil, presente en varios estados de la república brasileña.

El segundo sector es el de las iglesias misioneras pentecostales con sede en Estados Unidos. Su mayor énfasis estratégico cayó sobre la implantación de iglesias, la promoción de la literatura cristiana desde una perspectiva pentecostal (incluyendo sus propias versiones de la Biblia) y la organización de campañas evangelísticas con sus propios evangelistas. Las dos organizaciones eclesiásticas más prominentes son las Asambleas de Dios, la denominación pentecostal más grande de América Latina y el Caribe, con sede en Springfield, Missouri, y la Iglesia de Dios en Cleveland, Tennessee.

El tercer sector es de las iglesias nacionales. Aquí hay una gama amplia, diversa y difusa de denominaciones grandes como la Iglesia Metodista Pentecostal de Chile y Brasil para Cristo e iglesias independientes que se han diseminado por todos los países del continente, Estas últimas son iglesias muy pobres, fundadas por héroes carismáticos locales.

Hay que recordar que el movimiento pentecostal es muy dinámico, expansivo, con una gran militancia evangelística. En general, se trata del mayor fenómeno eclesial de las últimas décadas en América Latina y el Caribe. Veremos más adelante algunos intentos de unidad entre las denominaciones pentecostales a nivel continental y su relación con las llamadas iglesias históricas con todos los elementos polémicos que la convivencia ecuménica plantea.

El movimiento pentecostal ha sido y es un movimiento evangelizador por excelencia. Desde su irrupción entre 1901 y 1906 en los Estados Unidos, y su expansión hacia Europa, Latinoamérica, el Caribe, Asia y África, no cesó en ese énfasis y en un crecimiento impresionante.

Las iglesias pentecostales fueron proliferando por todo el continente latinoamericano a partir de 1920. Hubo oleadas de avivamientos espirituales desde México hasta Puerto Rico y desde Guatemala hasta Uruguay. Sin una organización continental que los agrupase o coordinara su tarea evangelizadora se dio por impulso y de manera improvisada y espontánea. Sólo aquellas iglesias como las Asambleas de Dios poseían recursos económicos y una organización burocrático-eclesial que les permitía desarrollar una estrategia con perfil continental y apoyado por literatura bíblica y doctrinal para la implantación de iglesias.

El gran desafío que han tenido las iglesias pentecostales es vencer el sectarismo y el aislacionismo, así como sus propias actitudes anti-ecuménicas y no pocos prejuicios hacia las iglesias históricas. Por otro lado, las iglesias históricas han intentado desconocer la importancia e impacto de la presencia pentecostal en estas tierras, pretendiendo desdibujar su identidad eclesial. No obstante, hay intentos que son notables y han tratado de propiciar no solamente un acercamiento con las iglesias pentecostales, sino invitarlas a participar activamente en los procesos de búsqueda de unidad. Tal ha sido el caso primero de UNELAM y luego del CLAI.

Hay que destacar que dos iglesias pentecostales de América Latina, ambas de Chile, la Iglesia Pentecostal de Chile y la Iglesia Misión Pentecostal, se afiliaron al CMI en la Asamblea de Nueva Delhi (1961). Fue la primera vez que iglesias pentecostales vivieron a ser miembros plenos del CMI. Las iglesias ortodoxas también se unieron oficialmente al CMI en aquella ocasión.

Cabe recordar aquí que la Iglesia Cristiana (Discípulos Cristo) en los Estados Unidos y Canadá y la Iglesia Unida de Cristo han establecido relaciones oficiales de compañerismo en misión a partir de 1963 con iglesias pentecostales en Venezuela, Cuba, Nicaragua, Chile y Argentina.

En años recientes surge en el horizonte la Coordinadora Evangélica Pentecostal Latinoamericana (CEPLA), fundada en Santiago de Chile en 1990. La CEPLA se comenzó a perfilar y concebir en la década del 1970. Hubo una serie de reuniones que acercaron a líderes pentecostales que individualmente habían estado participando en reuniones y encuentros ecuménicos. En 1971, un grupo de 15 líderes pentecostales latinoamericanos se reunió en Buenos Aires para iniciar un proceso de búsqueda y animación que encaminara una propuesta ecuménica pentecostal. La siguiente reunión de líderes pentecostales fue en la Ciudad de México, antes de la Asamblea de Iglesias convocada por UNELAM, en septiembre de 1978. Ya para 1979 pentecostales de los países bolivarianos, convocados por el obispo Exeario Sosa de la Unión Evangélica Pentecostal Venezolana, se dieron cita en Bogotá, Colombia, en marzo de 1979, en el I Congreso Pentecostal Bolivariano.

La siguiente etapa desembocó en la fundación de la CEPLA. En 1988 el CMI y el CLAI promovieron y auspiciaron un encuentro pentecostal en Salvador, Bahía, Brasil. La presencia de observadores ecuménicos y líderes de iglesias históricas marcó un hito importante a partir de este encuentro. Otros encuentros que también abonaron a ese proceso fueron los encuentros de La Habana en febrero de 1989 y de Buenos Aires el mismo año.

Los llamados EPLAS (Encuentros Pentecostales Latinoamericanos) se han dado sucesivamente en Santiago de Chile, 1990, São Paulo, 1992, La Habana, 1998 y los encuentros pentecostales en las asambleas del CLAI que se llevan a cabo cada seis años.

La CEPLA ha contado con una membresía de 64 denominaciones pentecostales en Latinoamérica y el Caribe. Es de suma importancia destacar que este pentecostalismo ecuménico sigue siendo una minoría entre las iglesias pentecostales latinoamericanas, pero ha impactado a otras iglesias que no se conciben activamente envueltas en el diálogo ecuménico. La presencia de las iglesias de la CEPLA en el CLAI ha sido un elemento renovador, proveyendo la posibilidad de ser interlocutoras válidas y serias.

En los movimientos cristianos hispanos en Estados Unidos

Para ubicar la dinámica tan diversa y compleja de los movimientos cristianos hispanos en los Estados Unidos debemos intentar dibujar un perfil y tratar de describir cómo se desarrollan aquellos movimientos.

Las propias expresiones "hispanos", "latinos", e "hispano-americanos" ya denotan la necesidad de ofrecer algunas precisiones en un ámbito que es dinámico y diverso. No obstante, hay que dibujar el mapa. La presencia de estos grupos debe verse a partir de los trasfondos culturales, lingüísticos y religiosos que cada grupo aporta. Hay una herencia latino/a, hispana que les es común, pero también hay una diversidad que les enriquece y propicia le formación de un nuevo mestizaje en el que raza, cultura y religión van configurando un nuevo ser en la diáspora hispana en los Estados Unidos.

Uno de los ejes distintivos es la dinámica misión-unidad. Para la diáspora hispana en los Estados Unidos la iglesia es misión. La misión de Dios promueve la unidad en medio de la nueva humanidad que se forja a pesar del racismo, el prejuicio, la división y rechazo que sufren las comunidades hispanas en Estados Unidos. En medio de esas tensiones esas comunidades congregadas en comunidades de fe, católicas, protestantes y pentecostales acompañan el peregrinaje del pueblo hispano.

La dinámica misión-unidad enfatiza el carácter apostólico y evangelizador de la iglesia. Diseminadas por el territorio norteamericano viven comunidades de fe hispanas que profesan a Cristo en español, leen la Biblia con ojos hispanos y adoran con el carisma de una fe testificante y afectiva. La unidad también se expresa en la solidaridad concreta con los inmigrantes documentados e indocumentados, en una comunión que se concretiza en la defensa y promoción de la justicia y la dignidad. Por eso la iglesia se constituye en la familia de la fe extendida, que consuela en medio del desarraigo, afirma valores éticos solidarios y enfatiza la dignidad humana como principio moral y espiritual.

La diversidad religiosa es evidente entre las comunidades hispanas en los Estados Unidos. Alrededor del 70% son católicos romanos, 23% se consideran protestantes, 85% de todas las iglesias protestantes son pentecostales o evangélicos conservadores (algunos denominados renacidos). Pero hay que destacar un factor carismático que es predominante y atraviesa todos los protestantismos y algunos sectores católicos romanos.

Un sector muy minoritario profesa ser budista, musulmán o judío. Pero existen expresiones de religiones afro-latinoamericanas y afro-caribeñas muy fluidas y dinámicas, que incluso subsisten como expresiones sincréticas con el catolicismo romano, y muchas veces con la doble profesión de fe entre un ritual y otro. La religiosidad popular hispana se nutre de una cotidianidad muy compleja, difusa y multifacética.

La búsqueda de unidad en el pueblo hispano y su diáspora en Estados Unidos ha sido un tema crucial para todas las oleadas de inmigrantes desde las migraciones puertorriqueñas, cubanas, mexicanas y desde los países centroamericanos, suramericanos y entre el propio pueblo México-americano que soportó la marginación y racismo dentro de su propia nación. En el ámbito religioso ha sido lograr espacios de adoración y convivencia eclesial desde la tradición hispana en las distintas denominaciones protestantes y al interior del catolicismo norteamericano.

Las historias particulares de los intentos de ser iglesia hispana en esa diáspora han tenido una trayectoria compleja y trabajosa que en muchos casos se dio luchando dentro de las denominaciones a través de los ministerios hispanos nacionales y en cada estado de la nación norteamericana. Hoy prácticamente todo el territorio nacional experimenta y siente la presencia de comunidades de fe hispanas.

El esfuerzo de concertación y cooperación ha tenido también sus etapas de formación entre el liderato hispano de las diferentes denominaciones. Cabe mencionar que en las ciudades donde las comunidades hispanas son más numerosas como Nueva York, Los Ángeles, Chicago y Miami siempre hubo un esfuerzo por buscar el acercamiento entre los pastores (posteriormente se fueron uniendo pastoras) constituyéndose asociaciones ministeriales voluntarias. En nuestros días se encuentran diseminadas en todo el territorio norteamericano redes de organizaciones ministeriales, ministerios radiales y televisivos, muchos de ellos con una clara postura ecuménica.

Fue en la década del 1990 que se plasmaron proyectos y organizaciones a nivel nacional que plantearon plataformas estratégicas y programáticas con dimensión ecuménica. Algunos ejemplos concretos nos pueden ayudar a visualizar cómo se ha venido forjando ese proceso, particularmente en el área de la educación teológica y los servicios sociales comunitarios.

The Hispanic Summer Program (El Programa Hispano de Verano), iniciado en 1987 por la iniciativa del Dr. Justo L. González, fue desde sus inicios una propuesta ecuménica. A partir de 1989 fue desplazándose a distintos lugares de Estados Unidos y Puerto Rico, a través de los seminarios miembros del consorcio que reciben por 13 días a estudiantes y profesores. Se propicia una ambiente litúrgico y comunitario que cultive la espiritualidad hispana en toda su diversidad. El programa pretende ser un complemento vital a la formación académica de estudiantes hispanos, y los cursos son acreditados por seminarios reconocidos. Cada curso es enseñado desde la perspectiva hispana, incluyendo la realidad del bilingüismo y la diversidad de la comunidad hispana. Ya hay más de 1,000 estudiantes que han participado del programa. Una gama impresionante de eruditos hispanos ha desfilado como profesores, desde jóvenes profesores y profesoras hasta profesores de reconocida trayectoria académica.

The Hispanic Theological Initiative (La Iniciativa Teológica Hispana), a partir de 1996, es otro proyecto de educación teológica que en parte complementa al Programa Hispano de Verano. Su misión fundamental es preparar y formar intelectuales hispanos que ejerzan un liderato en el ámbito académico de los seminarios teológicos, departamentos de religión en universidades reconocidas y programas de las iglesias que buscan ofrecer educación teológica diversificada. HTI es un consorcio de educación teológica ecuménica que cubre un espectro multiétnico, multicultural, y multidenominacional, incluyendo estudiantes a nivel graduado de confesión católica romana. Varios seminarios teológicos participan activamente en este proyecto, incluyendo el apoyo económico. En la actualidad la sede del programa se encuentra en el Princeton Theological Seminary. Un número significativo de becados y becadas de este programa ya ocupan posiciones prominentes en instituciones de educación teológica en Estados Unidos y Puerto Rico, incluyendo decanatos académicos y cátedras prestigiosas.

La Asociación para la Educación Teológica Hispana (AETH), surge del Primer Encuentro de Educadores Teológicos Hispanos que se llevó a cabo en agosto de 1991, y celebra asambleas generales cada dos años. Entre sus objetivos está el fortalecer los programas de educación teológica hispana en Estados Unidos, Canadá y Puerto Rico, y establecer vínculos entre seminarios, colegios e institutos bíblicos. Hay un fuerte componente de capacitación para líderes que dirigen instituciones de educación teológica en sus denominaciones, a través de talleres formativos, consultas, adiestramientos y asambleas. AETH también promueve la producción teológica con series de libros que van desde introducciones a las distintas disciplinas teológicas hasta orientaciones prácticas sobre el ministerio pastoral, y que proveen un canal de expresión para la teología y experiencia de fe latinas. (Este libro es parte de una de esas series.)

La Alianza de Ministerios Evangélicos Nacionales (AMEN) es una organización hispana protestante. Fue fundada en 1994 con el propósito de promover la unidad entre líderes evangélicos e instituciones de acción social y desarrollo al servicio de la comunidad hispana evangélica. Además, ha promovido una estrategia para crear conciencia sobre el lugar e impacto que la comunidad hispana evangélica debe ocupar en la vida pública de la sociedad norteamericana. Su voz profética se ha levantado para referirse a problemas cruciales que afectan a la comunidad hispana. El Dr. Jesse Miranda, pastor de las Asambleas de Dios es el fundador de AMEN y se ha unido a líderes como el Dr. Virgilio Elizondo, sacerdote católico romano y fundador del MACC en San Antonio, Texas, en un claro compromiso de aunar esfuerzos para beneficiar a la comunidad hispana.

Los movimientos cristianos hispanos en Estados Unidos han asumido una agenda ecuménica que toma en serio la realidad de opresión, marginación, prejuicio racial y cultural que sufre la diáspora hispana en Estados Unidos. Un sentido de búsqueda de la unidad, en un mundo dividido y quebrado, afirma los valores de la familia como agente de unidad, la iglesia como lugar de encuentro hacia esa unidad y la sociedad donde se deben propiciar espacios justos para superar todas las barreras que se oponen a la dignidad humana.

Resumen

Este capítulo tres ha esbozado y resumido las principales líneas de desarrollo de iniciativas de unidad. El análisis toma como punto de partida el trasfondo histórico del movimiento misionero protestante del siglo XIX como trabajo pionero y previo al movimiento de unidad en el siglo XX.

Las familias confesionales protestantes también han constituido unas instancias que han propiciado la concertación y acuerdo entre iglesias de una misma confesión, y con iglesias de otras confesiones eclesiásticas.

Se ha destacado la consolidación de un movimiento de unidad que, venciendo tropiezos y limitaciones, ha tenido en las iglesias sus más importantes agentes y protagonistas. El movimiento ecuménico, expresado visiblemente en el Consejo Mundial de Iglesias y en consejos regionales y nacionales manifiesta la unidad que ya se tiene en Cristo. Su postura, labor y testimonio ha hecho visible aquella unidad en Cristo. Hay también organizaciones y asociaciones que en Latinoamérica, el Caribe y los movimientos cristianos hispanos en Estados Unidos muestran en sus programas una clara opción ecuménica.

4
En busca de la unidad en la era global

La misión y la unidad han sido dos principios íntimamente relacionados en los últimos dos siglos. Para comprender el movimiento ecuménico en el siglo XX se hace necesario tener claro ese trasfondo. Esta tensión creativa posibilita cualquier formulación de una teología de la misión y ayuda a comprender cuáles han sido los modelos o paradigmas ecuménicos más sobresalientes e influyentes. En los albores del siglo XXI, frente a una transición o cambio de época, es aún más urgente intentar descifrar algunas de las implicaciones de este proceso en un mundo cada vez más globalizado y complejo. No cabe duda de que en lo religioso, lo político, lo social y lo económico incide una búsqueda hacia un nuevo paradigma donde la revolución tecno-trónica y teleinformática ejerce una marcada influencia.

Conflicto y unidad

Reconocer las fuerzas ideológicas, los movimientos políticos y sociales e insertarse en las conflictividades que ello conlleva atemoriza y por ratos inmoviliza. De ahí que sea necesario discernir lo que acontece en medio de la crisis histórica que se vive. No podemos ni debemos escapar de la historia. Es importante resaltar que en tiempos de crisis hay oportunidades para avanzar, intentando tomar decisiones acertadas. Es un proceso de transición hacia la búsqueda de resoluciones. Por esta razón, en medio de la crisis hace falta tener lucidez y capacidad de discernimiento. En una situación crucial no podemos ser totalmente neutrales. Hay un compromiso y riesgo de apertura a lo nuevo. En medio de los conflictos hay que encontrar soluciones. El futuro que se aguarda con expectativa y esperanza se vislumbra en este presente precario y vacilante. En tiempos críticos el análisis de la realidad y la reflexión teológica son atinados. Al reconocer la crisis se le asume para superarla.

Las dimensiones e implicaciones de la crisis de paradigma provocan perplejidad y confusión. La situación refleja signos de agotamiento y desestabilización creando vacíos y preguntas y desafiando la reserva de esperanza y confianza en la gente. Ello crea condiciones subjetivas que promueven una especie de desesperanza y fracaso que inmoviliza y desanima. El nivel de desaliento es tal que muchas veces las fuerzas espirituales presentes en las iglesias también comienzan a dar signos de debilidad y conformismo.

El colapso de los socialismos reales en Europa al final de la década de los ochenta ha creado la sensación de que estamos en el "fin de la historia" (Francis Fukuyama), sin alternativas ni soluciones. La ideología predominante insiste en el fin de las utopías y la imposibilidad de superar la crisis histórica en tiempos de transición. Se intenta desanimar toda posibilidad de cambio. Se subraya que estamos atrapados y sin salida. Es una "cultura de la desesperanza" que propugna un fatalismo anti-histórico y claramente anti-bíblico. Hay una cultura hegemónica y globalizante que pretende una visión ecuménica totalizadora y uniformadora. Es una especie de cultura planetaria, pero excluyente, que no promueve la diversidad cultural.

El momento ecuménico

Es evidente que el momento ecuménico en el contexto global pasa por esa transición difícil e incierta. Sin embargo, hay experiencias que animan el camino a la unidad con articulaciones modestas y pequeñas que invitan al camino difícil y trabajoso que construye la unidad. La unidad siempre se da como un elemento escatológico en medio de las luchas y los conflictos y aunando las fuerzas espirituales que ofrece el evangelio. Esa gracia que afirma la libertad evangélica posibilita abrirse con discernimiento espiritual a lo nuevo. El ecumenismo no es una fórmula que aplicar, sino un camino por recorrer.

Para lograr la unidad no se puede negar el conflicto. Hay que reconocer las barreras existentes y los obstáculos que no permiten la construcción de nuevas posibilidades y realizaciones humanas en la historia. Aunque sabemos que la unidad plena es escatológica, luchamos en medio de la conflictividad histórica para que se acerque el horizonte utópico de la unidad.

Cuando hablamos de unidad y conflicto, hay que subrayar tres elementos. En primer lugar, existe una conflictividad personal que entorpece nuestro compromiso y vocación del tal forma que no logramos incorporarnos a un proceso de unidad. Se vive en la tensión entre lo alcanzado y lo que aspiramos a completar.

Existen, además, los conflictos en la comunidad de fe que entorpecen el testimonio de unidad que debiéramos dar "para que el mundo crea" (Juan 17). Esos conflictos eclesiásticos son reales y cobran una dimensión institucional, mucho más allá de los conflictos personales. Hay crisis institucionales que desbordan la intencionalidad de los actores. No basta con la buena voluntad. Aparece una sana pluralidad que ofrece la oportunidad de compartir una verdadera diversidad. También existe un pluralismo que encubre las contradicciones más profundas. El pluralismo esconde el verdadero conflicto. La pluralidad anima el consenso y la verdadera tolerancia.

El tercer elemento tiene que ver con la conflictividad social, que no debe ser soslayada por una fraternidad falsa, impuesta. La sociedad es una realidad conflictiva. Las iglesias son estructuras entrecruzadas por el conflicto social. Negarlo sería creer que las iglesias no se encuentran inmersas en los procesos históricos. Las iglesias que conocemos están ahí, influidas por los procesos sociales, políticos y económicos.

Es importante que las iglesias reconozcan frente a la precariedad, la fragmentación, el desconcierto y la duda, la necesidad de un compromiso evangélico que reafirme los valores sustantivos de la fe como una forma valerosa de responder frente a los conflictos con integridad. La fuerza del Espíritu que guía a toda verdad y justicia, encarnada en el testimonio y el servicio, es signo esperanzador en una respuesta ecuménica a la crisis. El pueblo de Dios vive su fe en expresiones de *koinonía* (comunión y celebración) y *diakonía* (compromiso y servicio), a través de una libertad discernida y de un compromiso asumido. Es el tiempo propicio y maduro, tiempo para cosechar nuevos frutos.

La unidad que cultiva la iglesia es un signo de esperanza en medio de las conflictividades humanas. La reconciliación cobra sentido cuando en medio del conflicto ofrece perspectivas de solución con horizonte de esperanza. Este es un proceso vital y necesario. Porque el mundo es objeto del amor de Dios. Si la creación toda gime (Ro 8:22), ahora Dios convoca a la restauración y libertad plenas. Dios cambia nuestra manera de ver el mundo y propone nuevas realidades. Dios es fuente de unidad e invita al camino de la unidad. Para muchos creyentes la invitación es a descubrir las verdaderas implicaciones de una acción divina en medio de los tiempos. Significa una apertura a lo que acontece en la historia y el mundo en que se vive.

Camino de unidad: Reconciliación y paz

El tema de la reconciliación es fundamental en toda la Biblia. Tiene que ver básicamente con la relación con Dios, la ruptura fruto del pecado y la restauración a partir de los hechos salvíficos de Dios, que tienen como punto focal la redención ofrecida en Jesucristo. Esa restauración reclama un propósito de armonizar y unir lo que está dividido o separado, y busca la unidad y la armonía que Dios quiere al quitar la barrera del pecado (Ro 7:14-25). Por eso en medio de los conflictos se hace necesario proclamar un mensaje evangélico que anuncia lo nuevo que Dios hace y promete como horizonte de justicia, amor, y paz (2 P 3:13).

El primer aspecto sobresaliente es que creemos en un Dios misericordioso y fiel que frente a la infidelidad del pueblo tiende de nuevo un puente de relación en una nueva alianza (Jer 31:1-3; 27-33). Yahvé nos ha reconciliado para que vivamos (Ez 18:31-32).

En Jesucristo se cumple esta promesa a cabalidad. Como muy bien expresa Pablo en la epístola a los Romanos: "Porque si siendo enemigos, fuimos reconciliados con Dios por la muerte de su Hijo, mucho más, estando reconciliados, seremos salvos por su vida" (Ro 5:10). Esa reconciliación restablece la comunión con Dios y nos perdona.

El texto clave en el Nuevo Testamento es 2 Corintios 5:11-20. Pablo enfatiza que la reconciliación es regalo de Dios. Ello nos permite acogerla para vivir en una nueva situación de perdón y salvación. Algo distinto irrumpe, con un nuevo orden que restaura lo perdido y abraza el futuro. Hay una dimensión cósmica que arropa a toda la creación y reclama su cuidado y protección (Col 1:15.23).

Asumimos un ministerio de reconciliación en palabra y acción. La reconciliación evangélica no es mera conciliación, ni resignación barata. Es la afirmación de que desde el presente caduco y opresivo Dios nos lleva a un horizonte de justicia. Ese futuro de justicia no lo inventamos. Es una realidad nueva que ofrece desechar lo viejo y asumir lo nuevo (Ap 21:1-8). Esa reconciliación ocurre en la historia y demanda un compromiso para creer en la irrupción del reinado de Dios como fuerza redentora de amor, que libera y une, y restaura el nuevo mundo de libertad que promueve la justicia de Dios.

¿Cómo se ha dimensionado este tema tan relevante para la fe cristiana en el movimiento ecuménico? Debemos trazar algunas de las líneas de reflexión y las estrategias implementadas por el Consejo Mundial de Iglesias y su impacto en los últimos sesenta años.

El proceso comienza partir de la posguerra en Europa y la postura asumida por muchas iglesias. Las iglesias sintieron el peso ético, moral y espiritual que significaba la reconstrucción después de la guerra. El concepto que se elaboró se ha denominado "la sociedad responsable". Se hacía una valoración de los sistemas políticos y económicos existentes (capitalismo y comunismo), como alternativas para hacer más efectivas comunidades en las que la libertad se asume como principio fundamental en la promoción de una sociedad más justa, democrática, donde se ejerce el poder y la autoridad para el bienestar del pueblo.

Cuando se fundó el Consejo Mundial de Iglesias en 1948 se asumió esta perspectiva, pero se especificó la necesidad de relacionar ese principio con la libertad religiosa y los derechos religiosos, culturales y políticos. Recuérdese que la Organización de las Naciones Unidas (ONU) formuló ese mismo año la Declaración Universal de los Derechos Humanos.

Las iglesias protestantes, convocadas por el CMI, profundizaron esta opción y comenzaron a hilvanar una estrategia social que fue perfilando, ampliando y contextualizando un pensamiento social con ciertas directrices éticas, muchas de ellas no exentas de críticas y polémicas. Se pretendía ser una voz que se alzaba a nivel internacional, reclamando la promoción de la justicia a nivel mundial. La dimensión profética era parte constitutiva de esas posturas.

La siguiente etapa en el desarrollo del pensamiento social del CMI, como portavoz del movimiento ecuménico, fue el tema de la justicia y el desarrollo. La presión procedía de dos corrientes predominantes en la década del 60: las luchas anticolonialistas, particularmente en África y el Caribe, y el reclamo de los países en vías de desarrollo contra las injusticias estructurales y las asimetrías en la distribución de la riqueza a nivel mundial. Una respuesta importante fue la Conferencia sobre Iglesia y Sociedad, en Ginebra (1966). Allí se convocaron teólogos, economistas y científicos sociales de prestigio académico del Tercer Mundo para plantear temas tales como: desarrollo económico en perspectiva mundial, la naturaleza y función del estado en una era revolucionaria, estructuras de cooperación para la paz en un mundo pluralista, el hombre (sic) y la comunidad en sociedades cambiantes. Uno de los puntos cruciales de la conferencia giraba alrededor de la concepción que se tenía sobre "lo revolucionario".

Los representantes del Tercer Mundo tenían una apreciación más militante y activa sobre lo que significaba la lucha por la justicia en sociedades opresivas, incluyendo la lucha armada. ¿Cuáles son las respuestas bíblico-teológicas a estos asuntos y cuál es la responsabilidad ética de las iglesias y de los creyentes por cambiar aquellas sociedades? Estas eran preguntas cruciales. Para muchos líderes este fue un momento decisivo, no sólo en el diálogo entre las iglesias del Sur y las del Norte, sino que también planteó un complejo, y en ocasiones turbulento, proceso de comunicación y compresión en el movimiento ecuménico sobre lo que implica vivir en esa gran casa ecuménica.

Desarrollo y justicia en la agenda ecuménica

En la década del 70 se planteó el desarrollo económico que cobró fuerza entre los países del Tercer Mundo, particularmente lo relacionado con los "límites del crecimiento económico". Muy cercanos a esa temática estaban asuntos como el futuro de la humanidad y los recursos naturales y el papel de la ciencia y la tecnología. Fue así como se llegó a la Conferencia Mundial sobre Ciencia y Tecnología para el Desarrollo Humano, auspiciada por el CMI, en Bucarest (1974).

La conferencia de Bucarest concluyó que era necesario hablar en términos de una "sociedad sostenible", pues ya no bastaba con hablar sobre la "sociedad responsable". El principio fundamental a que se llegó fue que para promover una mejor calidad de vida la humanidad debe luchar por un desarrollo que sea sostenible económica y ambientalmente. La polémica sobre recursos no renovables y contaminantes se puso en el tapete. Para 1976 el CMI autorizó la publicación de un estudio que pretendía ampliar la discusión sobre estos temas, e integrar con varios conceptos una nueva forma de expresar la preocupación por la justicia. Los conceptos integrados eran: una "sociedad justa, participativa y sostenible". A niveles de la Organización de las Naciones Unidas se comenzó a usar el concepto de "desarrollo sostenible".

En la Asamblea del CMI en Nairobi, Kenia (1975), la discusión dio un viraje hacia la relación entre las estructuras de injusticia y las luchas por la liberación. Ahora son las perspectivas de las teologías de la liberación en todas sus expresiones y con todos los sectores que, identificándose con los principios básicos de ese movimiento, exigían del movimiento ecuménico, y en particular del CMI, una solidaridad clara con sus propuestas. Por esta razón, conceptos como "iglesia de los pobres", "iglesia en solidaridad con los pobres" y "paz con justicia" se plasmaron en programas que reflejaban estas líneas de reflexión teológica. Un ejemplo claro fue la Comisión para la Participación de las Iglesias en el Desarrollo que tuvo un impacto muy grande no sólo en difundir estrategias que iban en relación con las teologías de la liberación, sino que privilegió la "formación de cuadros ecuménicos", la organización de centros de estudio para la formación socio-política y teológica y la producción teórica para la discusión académica de aquellos temas.

Otra dimensión importante fue el Programa para Combatir el Racismo. Se había propiciado una discusión en la década del 60 sobre el impacto del prejuicio racial, tomando como marco de referencia las luchas en África y los Estados Unidos. El Comité Central del CMI, máxima autoridad del organismo entre asambleas, aprobó el mandato para establecer el programa en 1974.

Para complementar estos programas se creó la Oficina de Recursos para los Derechos Humanos para América Latina en 1975 (luego su mandato se amplió a otros continentes) y se amplió el papel de la Comisión de las Iglesias para las Relaciones Internacionales al crearse como parte de esa comisión el Grupo Asesor sobre Derechos Humanos en 1978 y el apoyo a numerosos programas de derechos humanos en todos los continentes.

En la sexta Asamblea del CMI en Vancouver, Canadá, toda esta trayectoria y proceso desembocaron en una síntesis que ha sido plasmada en las siglas JPIC (Justicia, Paz y la Integridad de la Creación). El proceso conciliar ahora intentaba conjugar varias dimensiones que de alguna manera estaban presentes en el movimiento ecuménico, pretendiendo un enfoque más integrador, y que por ende uniera esfuerzos y unificara criterios en la formulación de las estrategias programáticas que se proponían no sólo al CMI sino a todas las instancias que lo quisieran asumir en todos los continentes. Algunos de los temas sobresalientes eran la justicia económica la crisis económica global, el militarismo y la violencia, el cuidado de la creación, la mayordomía responsable y la promoción de una cultura de vida.

El proceso de JPIC culminó en la Convocatoria Mundial en Seúl, Corea del Sur (1990). Los puntos centrales que se enfocaron allí pretendían formular una estrategia que pudiera presentarse a la siguiente asamblea del CMI para crear conciencia de que lo que está en juego no es un tema ecológico o sólo el tomar medidas para cuidar la creación, sino una advertencia radical ante la situación límite que vive la humanidad y su sobrevivencia. Se subrayó en la convocación un pacto para promover la vida en el planeta y la sustentación de la vida para el futuro de la humanidad. Muchos programas alrededor del mundo se inspiraron en esta convocatoria. Pero no se logró un cambio y un compromiso más radical sobre el tema.

Lo más sobresaliente de todo este proceso es que los planteamientos sobre el tema de la reconciliación fueron reconsiderados y discutidos con frecuencia, buscando cierto consenso sobre lo que se entendía en círculos ecuménicos sobre un tema tan multifacético y complejo. No obstante, la discusión afortunadamente continuó. Nótese que en Canberra se había planteado una controversia sobre el papel y lugar del Espíritu Santo. Ahora se convocaba para Atenas una nueva conferencia mundial en 2005.

La Comisión de Misión y Evangelización del CMI escogió y negoció el lugar para el evento, en parte para responder a la inconformidad de las iglesias ortodoxas sobre lo sucedido en Canberra (1991). El tema de la Conferencia era: "¡Ven, Espíritu Santo, sana y reconcilia! Llamados en Cristo a ser comunidades sanadoras y reconciliadoras". Obviamente, se respondía también a un escenario internacional que planteaba cuestiones apremiantes como los conflictos étnicos y religiosos, procesos de reconciliación social en África y la pandemia de VIH-SIDA.

La conferencia fue un evento multitudinario que proveyó una amplia participación de una gran diversidad de movimientos y sectores sociales. Esta situación hizo mucho más que llegar a un consenso y declaración oficial. Quizás lo más complejo y desafiante, al ponderar los documentos y testimonios, es que continúa una tensión entre las iglesias del Sur y las del Norte.

La principal discrepancia tiene que ver con la transición de la liberación a la reconciliación y cómo se entiende en cada contexto. Un ejemplo que podría ayudar es la violencia e inseguridad en las ciudades del Sur y la prominencia del tema de la sexualidad humana en el Norte. Para muchas personas en el Sur la justicia económica y social sigue siendo central, mientras que para un amplio sector en Europa y Estados Unidos el cuidado de la creación y la justicia por la identidad sexual toman prominencia. Entonces, cabría preguntarse, ¿cuál sería el nuevo paradigma inclusivo que ayude a integrar dimensiones de sanidad y reconciliación, sin dejar de lado los avances del modelo JPIC?

Hay signos que apuntan a nuevas conferencias en que estos temas serán planteados, incluyendo otros temas polémicos que inciden y subyacen en la creciente diversidad que se manifiesta en el movimiento ecuménico. Dos de esos temas podrían ser el diálogo inter-religioso y la responsabilidad ética en un mundo globalizado.

En toda esta "caminada ecuménica" (como dicen los brasileños), algunos principios sobresalientes pueden afirmarse:

La reconciliación es un regalo de Dios. Para comprender cómo Dios sigue promoviendo esa reconciliación en el mundo hace falta el don del discernimiento. La acción de Dios como agente reconciliador comienza desde las víctimas y es desde allí que debemos descifrar cómo Dios va transformando y reconfigurando una nueva creación. Este es un proceso trabajoso y costoso para Dios.

Hay que cultivar una espiritualidad que venza el pesimismo, el cinismo y la indiferencia, hacia un horizonte de esperanza que afirma la vida.

Iglesias constructoras de paz: Opción ecuménica

Muy cercano al tema de la reconciliación está el de la paz. Muy temprano en la discusión ecuménica se subrayaron varios énfasis que fueron marcando la agenda y la discusión de las iglesias. Es de vital importancia destacar que ese interés por la promoción de la paz procede de la realidad concreta de guerra, violencia y destrucción que se ha vivido a nivel global tanto en el siglo XX como al inicio del XXI.

La paz no es mera ausencia de conflictos, sino el compromiso en la promoción de la justicia. Es cuestión de participar en la lucha contra el armamentismo, el militarismo, los conflictos tribales y étnicos y la amenaza nuclear. Recuerdo vivamente la consulta internacional llevada a cabo por la Comisión para las Relaciones Internacionales (CCIA) del CMI en Glion, Suiza, en enero de 1985, y en la que participé representando a Latinoamérica y el Caribe. Allí varios expertos nos arrojaron datos y situaciones que resultaban apremiantes.

En todo el mundo se experimentaba el incremento de las guerras, la compra de armamentos y la intransigencia para solucionar conflictos y antagonismos. Lo más grave era (y todavía es, lamentablemente) que alrededor del mundo los gastos militares se hacen a costa del desarrollo económico, social y cultural. Esta constante carrera armamentista absorbe una proporción excesivamente grande de los recursos humanos, financieros, naturales y tecnológicos del mundo, promoviendo el subdesarrollo, la pobreza, la miseria, el racismo y la marginación. Según datos ofrecidos en la Conferencia Internacional sobre el Desarme y el Desarrollo (24 de agosto – 11 de septiembre, 1987), la paz peligraba más hacia fines del siglo XX que en cualquier siglo anterior, incluso amenazando la subsistencia misma de la humanidad.

A pesar de ese panorama que ha sido y es sombrío, hay una visión esperanzadora de la paz que nos debe animar. Aunque no podemos negar la conflictividad y su complejidad histórica, sí podemos promover un optimismo sereno que detenga las amenazas de las fuerzas destructivas.

Como recordara el profeta Isaías, en la dimensión de esperanza (32:15ª) somos recreadores responsables de la creación de Dios. Es responsabilidad de todas las personas habitantes del planeta propiciar que nuestro universo sea más fraterno y habitable. En ese sentido la palabra *shalom*, que tiene muchas acepciones dependiendo del contexto donde se aplica, puede significar felicidad, alegría, paz, bendición, bienestar, justicia. Es una visión global y total de la vida. Es la promesa de la acción divina en su creación. Esa visión llama a transformar la guerra en paz como fruto de la justicia (Is 1:1-9; 2:4).

En Cristo la paz alcanza su plenitud (Ef 2:14). Su vida y ministerio se enmarcan en la utopía levítica (Lev 25:8-55) del jubileo que repite la experiencia del éxodo ofreciendo libertad a las personas cautivas, vista a los ciegos, reforma agraria, descanso de la tierra (Lc 4:16-44). El complemento a esta postura profética es el reclamo ético a los creyentes—varones y mujeres—para que se comprometan en el proyecto de Dios de construir un mundo de paz. En medio de las conflictividades hay una certeza que se traduce en confianza: "Estas cosas os he hablado para que en mi tengáis paz. En el mundo tendréis aflicción, pero confiad, yo he vencido al mundo [maligno]" (Jn 16:33). La reconciliación promueve la defensa de la vida hasta el triunfo pleno del amor.

Resumen

El conflicto y la unidad han sido dos fuerzas opuestas que ameritan ser consideradas seriamente. La búsqueda incesante para superar las divisiones asume todas las expresiones estructurales e intenta ir perfilando alternativas futuras. Por esta razón, en la agenda ecuménica temas tales como reconciliación y la paz, y la violencia en todas sus dimensiones, han sido ejes temáticos tomados en serio.

El camino de la unidad promovido por la reconciliación construye alternativas concretas para solucionar conflictos, proteger y defender la naturaleza, instaurar estructuras justas en lo social y político, pero siempre animados por el horizonte escatológico que nos ubica en el proceso y búsqueda de un reino de paz, justicia, vida y plena libertad. Aunque se vive en tiempos sombríos, se vislumbra con esperanza lo nuevo que va llegando hasta que Dios haga nuevas todas las cosas.

5
Llamado a la unidad: Desafíos a las iglesias

$\mathcal{A}$l inicio de este libro se planteó que el llamado a la unidad es una iniciativa divina. El énfasis era que dependemos de la gracia divina para cualquier proyecto humano que pretenda responder responsablemente, y en entrega total, a lo que Dios quiere hacer en su mundo. En ese sentido, las iglesias deben ser agentes promotoras de la Misión de Dios, en la irrupción de su Reino.

Quisiéramos, ahora, resaltar algunos temas en forma de preguntas, como desafíos que las iglesias deberían asumir: ¿Cuál es el llamado que hace Dios a las iglesias hacia los caminos de unidad? ¿En qué consiste la vocación ecuménica de las iglesias? ¿Cuál es el compromiso hacia la unidad? ¿Cuáles son los desafíos de la unidad en el siglo XXI?

El llamado de Dios

El llamado fundamental es a inscribirse en el Reino, a asumir el discipulado en el seguimiento y el compromiso en acción, en el mundo. El ministerio cristiano es, entonces, un servicio desinteresado, fruto del amor que por la gracia libera para la vida. Es don y tarea. Es vivir como pueblo sacerdotal, comunidad de servidores y servidoras, libres para amar y servir. Esta es la concepción fundamental del llamado "sacerdocio universal de los creyentes". La idea es que la iglesia, como la comunión de los fieles y pueblo de

Dios convocado por su Palabra, asume un compromiso misional y una vocación ecuménica. Hay que entender este llamamiento como el poder de Dios presente en la iglesia y el mundo, para la edificación y restauración en medio de las luchas, los dolores y las esperanzas humanas.

Hay un sacerdocio de todos los creyentes—mujeres y varones—que es ejercido a nombre de toda la comunidad por pastores y pastoras ordenados para cumplir una tarea específica en el ministerio pastoral. Ello no disminuye que cada creyente deba descubrir y cultivar una vocación cuyo eje central es el servicio. De allí surge la famosa afirmación de Martín Lutero: "El cristiano es un hombre (sic) libre, señor de todo y no sometido a nadie. El cristiano es un siervo, al servicio de todo y a todos sometidos". La persona es libre para servir en amor. Desde la fe sale la persona creyente a una acción comprometida a favor del prójimo. Es un acto de amor a favor de la otra persona.

Un buen ejemplo de esta dimensión de la vocación cristiana es el ministerio profético del pastor Martin Luther King, Jr, a favor de la justicia y libertad de la población afroamericana en Estados Unidos. Hay que recordar las circunstancias en que el pastor Martin recibió el llamado para asumir esta lucha. Como él mismo lo atestigua en su libro autobiográfico, *Stride Toward Freedom* (*Viajeros de la libertad*, en la versión española), tuvo que forcejear entre unas opciones en el mundo académico en el norte de Estados Unidos después de concluir sus estudios doctorales en la Universidad de Boston, y la ruta difícil del retorno al sur de la nación, para servir como pastor en la comunidad afroamericana. Fue así que aceptó el pastorado de la Iglesia Bautista de la avenida Dexter en Montgomery, Alabama, el 15 de abril de 1954. Aquella decisión lo llevó a profundizar su compromiso pastoral y ecuménico, en un peregrinaje doloroso e intenso, cargando sobre sus hombros el grito desgarrador de la población afroamericana, que clamaba por justicia en la calles. Martin Luther King, Jr. sintió miedo y tuvo sus dudas, pero en un momento crucial sintió que Dios le confirmaba aquel llamado y le fortalecía prometiéndole acompañarle.

Para ejercer la vocación ecuménica las iglesias se deben considerar parte del proyecto de Dios, en un horizonte de esperanza hacia una nueva tierra, una nueva humanidad, una nueva creación, en ese *oikoumene* nuevo que Dios quiere. Es presente y futuro en la promesa justa de Dios. Dios llama a las iglesias a ejercer un testimonio de servicio en el mundo. Esa vocación es un privilegio, porque Dios concede la oportunidad de participar en el proceso de unidad que Dios fomenta y quiere. A pesar de las fragmentaciones, las rupturas y divisiones, Dios sigue llamando a la iglesia a superar todas las barreras.

Los desafíos de la unidad en el siglo XXI

Hemos intentado ubicar el desarrollo de la historia del movimiento ecuménico, tomando como trasfondo la relación dinámica entre misión y unidad. La misión y la unidad han estado interrelacionadas, a veces en tensión y confrontación; otras veces en coincidencia y consenso, en los últimos doscientos años. Como ya fue planteado, no se puede comprender la historia y desarrollo del movimiento ecuménico sin comprender esas dinámicas. Esa tensión es crucial en la elaboración de una teología ecuménica de la misión. La presente crisis del paradigma ecuménico y los desafíos de la era global apuntan hacia una búsqueda, en un cambio de época, de un nuevo paradigma ecuménico en el siglo XXI.

¿Cuáles son algunos de esos desafíos? Hay algunas cuestiones cruciales que son un gran desafío para las iglesias en esta era global. Se privilegian el Evangelio y las culturas, el Evangelio y la política, el Evangelio y la economía, el Evangelio y la ecología, intentando usar estos temas como claves de interpretación para acercarnos a la crisis heredada en nuestra aldea global del siglo XXI.

Evangelio y culturas

En el contexto de los 500 años de colonización y conquista de las Américas es de vital importancia que las iglesias, tanto del Norte como del Sur, hagan un balance histórico de su responsabilidad misional en ese período. Sería necesario, además, que se cuestione la misma sustentación ideológico-teológica que presidió sobre ese proyecto, para entonces recuperar la autenticidad de la fe evangélica que se dice profesar, frente a un modelo de cristiandad o neocristiandad que confunde la relación Evangelio-cultura, la distorsiona y la manipula. Las iglesias en Norteamérica están llamadas a salir de su conformismo religioso y del comportamiento que hace de la experiencia religiosa una justificación de una forma socio-religiosa llamada religión civil. Las iglesias del Sur, en este caso las de Latinoamérica y el Caribe, deben asumir su papel histórico y profético para afirmar su identidad latinoamericana y salir del modelo misionerista que las ha determinado. En ambos casos es fundamental la suprema vocación de ser servidoras en el Reino, que ya es don y promesa para ellas mediante la obra y vida de Jesucristo. Tal vocación es una clave esencial de fidelidad y compromiso con los valores y principios evangélicos. Tanto la confesión de culpa como la reafirmación de un compromiso renovador y transformador pueden ayudar en la recuperación del papel misionero de las iglesias.

La relación Evangelio y culturas debe apuntar hacia varios ejes esenciales:

1. Reconocer la necesidad de reclamar las raíces nutricias, a pesar del colonialismo y la opresión, de las culturas autóctonas de Latinoamérica y el Caribe. Ello incluye el reconocimiento de la esclavitud y el racismo como raíces de dominación y atropello para los grupos afro-caribeños y afro-latinoamericanos.

2. Afirmar la diversidad y la diferencia como positivas y necesarias en el proceso de afirmación y reconocimiento de las identidades culturales y étnicas. Son las voces de las personas silenciadas y excluidas de estos 500 años. Ese principio de pluralidad reconoce, además, la necesidad de comprender y asumir el diálogo con las religiones no cristianas y sus diversas manifestaciones rituales, en el marco de la solidaridad cultural y religiosa.

3. América Latina, África y Asia viven un momento de pluralidad religiosa sin precedentes y resulta aleccionador que ello constituya un desafío misional como nuevo espacio para el diálogo inter-religioso, inter-racial e inter-cultural.

4. La apropiación de la historia, la memoria y la relectura de las diversas tradiciones culturales es también una oportunidad para las iglesias cristianas de una crítica y un juicio sobre la manera en que se han encarnado en la diversidad cultural latinoamericana y caribeña.

5. Las experiencias litúrgicas, tanto las que han estado marcadas por la herencia colonial como los nuevos experimentos

hacia una liturgia encarnada en las culturas, son un ámbito importante para la espiritualidad evangélica en Latinoamérica y el Caribe.

Evangelio y política

Uno de los temas más polémicos que han experimentado las iglesias es la relación entre el Evangelio y la política. Los procesos político-ideológicos, las sospechas y dudas sobre el ámbito de la política y lo político, han creado serias dudas en la acción política y social de las iglesias. Se ha preferido el camino del descompromiso por la desconfianza que se les tiene a los procesos políticos, en vez de asumir el riesgo a comprometerse por causa de la justicia y para la promoción de los valores del Reino de Dios. No obstante, hoy asistimos a un proceso de cambio en la ética política de las iglesias. Más y más líderes evangélicos participan como candidatos a puestos electivos desde una abierta y clara afiliación partidista y con la identidad evangélica. Ello plantea la necesidad de un mejor y mayor discernimiento ético y político de las iglesias evangélicas y sus líderes en esos procesos políticos. El llamado debe ser a la participación responsable y articulada y no al retraimiento y la apatía.

Dentro del marco de ese proceso de clarificación de una ética política participativa de parte de las iglesias, haría falta lo siguiente:

1. Reconocer el clima de polarización, la necesaria ambigüedad y el riesgo calculado que se toma al participar en los procesos políticos. La política tiene sus propias reglas de juego y sus ámbitos propios de acción. Hay que conocer esos niveles de acción y las reglas del juego político.

2. La honestidad y verticalidad evangélicas pueden y deben ser un aporte significativo de las iglesias evangélicas. Sin embargo, hace falta algo más. Es la sagacidad, la astucia y el ingenio propios del ámbito político. Es la cautela necesaria para saber que hay luchas de poder y conflictos en esos procesos. La creciente corrupción que invade todos los ámbitos de la sociedad deja a las iglesias en una situación de vulnerabilidad. Por un lado, es necesario levantar la bandera de la indignación profética y ética, y por otro lado hay que

reconocer que las iglesias fallan de muchas maneras y están sujetas a las mismas tentaciones y dilemas que imperan en las sociedades latinoamericanas. No claudicar al llamado evangélico del arrepentimiento y la humildad es clave teológica sabia frente a una situación tan compleja. Pensarse y sentirse avanzada del Reino en búsqueda de su plenitud en el camino del discipulado salvaguarda la integridad de la misión que queda así remitida a la Misión de Dios.

3. Los procesos de democratización y paz que se han vivido en la América Latina y el Caribe son una buena oportunidad para las iglesias unirse a esos procesos para afirmarlos, fortalecerlos y enriquecerlos, siempre con la doble dinámica profético-pastoral.

4. Los países latinoamericanos y caribeños experimentan hoy, por un lado, un renacer democrático. Por otro lado, viven un clima de desconfianza hacia gobiernos, partidos y fuerzas militares llenas de corrupción. Esta situación de vivir en una "democracia limitada" ha creado un clima de cuestionamiento y búsqueda. Los sectores civiles en estas sociedades tratan afanosamente de recuperar y conquistar nuevos espacios de acción política y social en la sociedad civil. Se trata de pueblos cansados de ser engañados y atropellados. Es notable el nivel de autonomía que desean construir asociaciones vecinales, movimientos juveniles, movimientos femeninos y movimientos de comunicación popular. El eje principal de su accionar es la resistencia y la protesta.

5. La búsqueda de espacios más participativos en la sociedad civil introduce un cuestionamiento a la función del estado. Hay quienes pretenden disminuirlo, pero no necesariamente para favorecer a las clases desposeídas y marginadas, sino para privatizar, relativizar y manejar los niveles efectivos del funcionamiento del aparato estatal expresado en la gestión gubernativa, en un proceso altamente selectivo. De otro lado, las mayorías cada vez más empobrecidas ven cómo por los procesos de privatización hasta los servicios más básicos tienden a desaparecer sin alternativas reales de poder obtenerlos. El costo social de estas políticas sigue creando más pobres, y éstos son los signos reales y evidentes de una gran crisis al interior del sistema.

Evangelio y economía

Siempre ha existido una correlación entre la fe y la economía. El problema central ha sido que se han separado a tal extremo que se legitima el desconocimiento de una fe que no incide en los procesos económicos, particularmente aquéllos que tienen que ver con la base de sustentación material sobre la que se construye todo sistema económico.

Por esta razón hace falta que las iglesias se percaten de los siguientes asuntos que inciden en la vida económica del pueblo:

1. Frente a los fracasos de las políticas desarrollistas e integristas que se han intentado aplicar en el pasado, existe hoy un proceso de ajuste estructural y estabilización económica. Las llamadas políticas neoliberales pretenden imponer una "lógica del mercado" que propicia una "lógica sacrificial" y la victimización de los sectores ya de por sí empobrecidos. Estos modelos económicos crean una crisis social y un deterioro en la calidad de vida que llegan a desmoralizar al pueblo. La idolatría del mercado y su automatización crea impotencia y desesperanza.

2. Esta crisis económica va propiciando serios cuestionamientos que provocan la búsqueda de alternativas. Existen intentos de convergencias, consensos y concertaciones de los sectores populares para enfrentar las crisis y para transformarse en agentes creativos de la economía. Hay sectores informales que intentan sobrevivir y modificar, en parte, la lógica del mercado. Se crean redes solidarias con programas de autogestión, eco-desarrollo y promoción de una cultura de vida.

3. Los nuevos proyectos alternativos pretenden dar respuesta a la búsqueda de un proyecto propio y sostenible. Estas culturas de resistencia y sobrevivencia van afirmando un perfil democrático desde abajo y desde dentro de los propios procesos sociales. Es la "lógica de las mayorías" en su autoafirmación.

4. El siglo XXI ya plantea situaciones emergentes como son la pandemia del SIDA, los conflictos religiosos en todo el planeta, conflictos bélicos regionales y nacionales y la crisis ecológica, entre otras.

Evangelio y ecología

Vivimos hoy el desafío ecológico, realidad que nos confronta en este siglo XXI. El cosmos está enfermo, en parte por nuestra propia negligencia. Es claro que la contaminación ambiental, la escasez de recursos naturales y el desequilibrio climático nos tienen atrapados en un callejón sin salida, a menos que cobremos conciencia de nuestra responsabilidad. La humanidad entera puede desaparecer, y con ella todos los seres y organismos vivos que componen la creación de Dios.

La crisis ecológica global exige una integración de todos los agentes de la creación para crear lo que Leonardo Boff llama, "una inmensa comunidad cósmica". Se impone una ética de compasión cósmica donde el dolor y la alegría nos identifiquen con el cosmos. Como bien lo advertía el apóstol Pablo en Romanos 8, la creación toda gime y aguarda su liberación. El Espíritu creador habita en los corazones y también en el corazón del mundo.

En respuesta a este desafío se ha ido conformando un eje temático en el movimiento ecuménico de lo que se ha llamado la "eco-teología". Es una reflexión desde la fe sobre la dimensión ética y la necesidad de acción transformadoras en la protección del eco-sistema. Muy cercano a esta propuesta hay un movimiento de teólogas que proponen lo que denominan el "eco-feminismo", que es la respuesta desde la perspectiva de género, la mujer como sujeto protagónica y la promoción de la justicia a favor de las mujeres postergadas, marginalizadas, explotadas en la economía y violentadas en sus propios cuerpos.

6
Camino hacia la unidad: Transición hacia la esperanza

$\mathcal{E}$n el devenir histórico las iglesias pobres en África, Asia, Latinoamérica y el Caribe, y las comunidades hispanas en Estados Unidos, han aprendido la vigencia y urgencia de la espera. Hay una experiencia acumulada que nace de la esperanza en medio del sufrimiento. Es una esperanza acrisolada por lo que se aguarda aunque todavía no se vea. Las ideologías que promueven el "fin de la historia y las utopías" han querido obstaculizar y paralizar al pueblo para que no sueñe e imagine un horizonte nuevo de justicia.

Los procesos vividos en las dos últimas décadas dejan un saldo de expectativas que no se han cumplido. Sin embargo, a nivel global se respira todavía esa voluntad de lucha y determinación que hace más imperioso seguir afirmando la esperanza.

Iglesias constructoras de esperanza: Opción evangélica

Las comunidades eclesiales de base, los núcleos nacionales de pastorales juveniles, las organizaciones locales de mujeres, entre otros, fueron configurando la rearticulación de proyectos limitados y a nivel local, pero sostenidos por una fe que anima la esperanza. Se siente que en las comunidades religiosas y civiles de América

Latina hay un proyecto de esperanza. Todavía hoy existe mucha perplejidad e incertidumbre sobre qué proyectos sociales e históricos serán viables en el siglo XXI.

Ese proyecto de esperanza es frágil y tentativo. Por eso, las iglesias harían muy bien en aunar esfuerzos con sectores de la sociedad civil para seguir reanimando, dentro de un nuevo tejido social, las fuerzas vivas de esa esperanza. Ha sido en la denuncia de la violación de los derechos humanos, la atención a los refugiados, los programas autogestionarios de desarrollo, la educación popular, la solidaridad con sectores indígenas y negros, el trabajo con las mujeres, las pastorales juveniles y otros, donde las iglesias evangélicas han acumulado y siguen acumulando una experiencia importante.

Lo que hace falta hoy es reasumir esas tareas, y añadir probablemente nuevas, en el proceso de resistencia y sobrevivencia que vive el pueblo. Para ello hace falta enfatizar un cántico que está presente entre las iglesias latinoamericanas:

> Por eso es que hoy tenemos esperanza;
> por eso es que luchamos con porfía;
> por eso es que hoy miramos con confianza,
> el porvenir.
>
> (Obispo Federico Pagura)

La clave fundamental para fortalecer un proceso de acción misional coordinada está en una "pastoral de acompañamiento". Las iglesias latinoamericanas y caribeñas y africanas, con la ayuda de las iglesias norteamericanas y europeas, han ido elaborando y ensayando estrategias de relacionamiento en solidaridad, intercambio de experiencias, el compartir litúrgico y la interpretación de los procesos históricos que se viven.

Este ha sido un esfuerzo por lograr la comprensión y sensibilidad de las iglesias en la relación norte-sur y sur-sur. Estas dimensiones deberán incrementarse en el futuro y propiciar los espacios necesarios para animar iniciativas y programas que mantengan viva esa pastoral de acompañamiento. De esta forma cobrará mayor vigencia y pertinencia una nueva agenda ecuménica para la era global.

Misión y desarrollo

1. La pobreza y la opresión siguen creciendo vertiginosamente en Latinoamérica y el Caribe. Hay serios niveles de pobreza extrema y miseria. Para cumplir cabalmente un modelo misional nuevo hay que implementar programas de evangelización integral donde el servicio, la acción social y desarrollo y la proclamación de la Buena Noticia sean un paradigma más integrador de la experiencia de fe.

2. Hay que seguir explorando modelos de sustentación económica viables y justos donde los procesos de justicia, paz e integridad de la creación estén incluidos. En este sentido la toma de conciencia sobre la crisis ecológica viene a ser un tema central. Cobran importancia aquí los recursos naturales como el agua, el petróleo y el gas natural. Ello es así por la dimensión de su demanda, no sólo regionalmente, sino en el panorama económico y político internacional.

3. La animación de una pastoral solidaria debe incluir la recuperación de las experiencias acumuladas por las iglesias latinoamericanas y caribeñas para intensificar el compartir con las iglesias del Norte. Existe hoy una fuerte tendencia a la desesperanza, la indiferencia y la paralización entre las iglesias del Norte. Hay que proveer intercambios constantes que permitan fortalecer la solidaridad mutua, incrementar el compartir de recursos espirituales, económicos y humanos. Hay que superar la mentalidad asistencialista, el paternalismo y la caridad barata. Dentro de un marco de respeto mutuo las iglesias del Norte y el Sur deben crecer en una mayordomía de la esperanza, la fe y el amor.

4. Los procesos de interpretación y abogacía (*advocacy*) deben coadyuvar a un clima de confianza y responsabilidad mutuas. Las llamadas experiencias de reverso de la misión (*mission in reverse*) son ejemplos buenos del compartir en misión siempre recordando que el intercambio es mutuo.

5. Las prácticas y acuerdos ecuménicos para el compartir de recursos pueden ser guías saludables y aplicables en la relación entre las iglesias del Norte y el Sur. Los procesos de cooperación ecuménica son de importancia fundamental. Para ello son útiles ejemplos tales como "El proceso São Paulo"

del Consejo Nacional de Iglesias de Cristo de Estados Unidos y de organismos ecuménicos de Latinoamérica, y los principios para el compartir ecuménico de recursos aprobados en El Escorial por el Consejo Mundial de Iglesias, son ejemplos útiles. Pero hace falta un repensar cómo se trabajará hacia una nueva cooperación ecuménica en las Américas.

6. El crecimiento de las comunidades hispano/latinas y la realidad de su relación histórica con las iglesias latinoamericanas y caribeñas en Estados Unidos plantea nuevos desafíos para las iglesias del Norte y del Sur. Hay que reconocer el carácter distintivo de esas comunidades al interior de la sociedad norteamericana y, por lo tanto, respetar su idiosincrasia, estilo y dinámica. Ellas no son una reproducción exacta de las iglesias del Sur, ni son tampoco una copia de las iglesias del Norte. Son la expresión de una nueva diáspora del pueblo hispano en Estados Unidos. Siempre habrá necesidad de coordinar con ellas en el proceso del diálogo norte-sur.

7. Las migraciones masivas desde el Caribe y Latinoamérica hacia Canadá, Estados Unidos y Europa es un serio problema político, económico y social, fruto de la globalización y de las crisis económicas nacionales. Lo propio sucede con las migraciones desde África y Asia, particularmente hacia los países del centro de Europa. Esta cuestión será vital en las relaciones Norte-Sur y podrá resultar en una seria crisis interna en los países del Norte del Atlántico. Pero igualmente será una oportunidad para avanzar en acuerdos que propicien mejores condiciones para la población pobre en el Sur, de modo que se hagan innecesarias, en lo posible, la migraciones desde el Sur al Norte de una manera tan violenta y despiadada.

Resumen

Este capítulo es una mirada hacia el futuro. Intenta destacar una transición a la esperanza, buscando algunas alternativas concretas para proponer temas en el área apremiante de la misión y el desarrollo. Los asuntos planteados surgen en el contexto de la era global.

En medio de la situación de crisis hay oportunidades que deben afirmar el camino de fe que conduce a la unidad en el amor de Dios. Las iglesias deberán ser desafiadas una y otra vez a cumplir su misión en la Misión de Dios, en este siglo XXI lleno de expectativas y cuestionamientos.

A manera de conclusión

$\mathcal{D}$esde el inicio de este libro se ha insistido en el llamado a la unidad desde la iniciativa divina. Se proveyó un marco de referencia conceptual bíblico-teológica sobre lo ecuménico, seguido de una síntesis histórica del movimiento ecuménico y las iglesias en él, para visualizar asuntos cruciales y algunas respuestas que se fueron dando.

El énfasis recae en los desafíos y las posibles respuestas. Predomina, también, una mirada al contexto global donde la tensión dinámica entre la misión y la unidad se toma como eje central de una teología ecuménica. Es cierto que lo ecuménico está en crisis. Pero, ¿desde cuándo lo profético y lo ecuménico no han estado en crisis? Aquí se concibe que toda crisis se vive desde la propia vorágine, en la búsqueda de oportunidades. Ése es el llamado ineludible de toda vocación teológica y ecuménica. El discernir los signos de los tiempos como señal de esperanza por la acción del Espíritu provee no sólo el análisis social, económico y político, sino que también ofrece una densidad teológica hacia la superación del pesimismo, de la indiferencia y del cinismo.

El momento ecuménico exige de minorías proféticas para avanzar sin estridencias ni arrogancias. Es aceptando la precariedad y orfandad que se atisban nuevos rumbos y direcciones. El momento ecuménico es propicio para el examen, la autocrítica y el cuestionamiento serio, pero siempre sin perder la esperanza.

Hemos examinado en varias partes de este texto los conceptos justicia, paz e integridad de la creación (JPIC) como un paradigma de integración. Es evidente que más allá de un ejercicio académico, la humanidad enfrenta, como nunca antes, los problemas que se derivan del abuso e indiferencia en relación con el cuidado de la creación, su valoración, y el desafío ético y espiritual que ello plantea. Estamos en una situación límite que exige acción responsable para salvar el planeta, y la misma especie humana.

Ya vimos la importancia de las culturas, la economía, la ecología y los nuevos sujetos históricos (mujeres, etnias, niñez, juventud) en la agenda ecuménica. La dimensión de la sexualidad humana y su complejidad también es un gran desafío en la agenda ecuménica. Por otro lado, existe la violencia sistémica, social y doméstica. Hacen falta una ética de la solidaridad y una compasión que valore la vida en toda su plenitud.

El diálogo interreligioso ha llegado a tener una gran prominencia en la era global. Este desafío plantea varios asuntos que no podemos agotar en este libro. Pero se hace necesario por lo menos mencionar algunas de las cuestiones apremiantes en relación con el tema y su significación ecuménica:

1. Las grandes religiones del mundo, como son el cristianismo, el judaísmo, el islam, el budismo y el hinduismo, son fuerzas masivas presentes a escala global, pero en muchos lugares del mundo se expresan en posturas autoritarias, fundamentalistas e intolerantes, con acciones políticas, sociales y militares violentas. Incluso, llegan a promover teocracias o cuasi-teocracias en muchos países. Ello hace que la gestión gubernamental complique el escenario de convivencia humana, cultural y política, bloqueando, reprimiendo y acallando toda pluralidad y diálogo.

2. Hay sistemas religiosos a nivel regional y local que también muestran sus rostros de intransigencia e intolerancia, muchas veces empujados por políticas discriminatorias, regímenes militares y dictaduras brutales. En esos contextos las iglesias y sus fieles pueden asumir posiciones de resistencia y convocar a sectores marginados para que se organicen frente a lo que perciben y sienten como injusticias, discriminaciones y persecución.

3. Una dimensión importante del diálogo interreligioso es la posibilidad de avanzar en la búsqueda de la reconciliación y la paz, como se ha reiterado varias veces en este libro.

Tender puentes de entendimiento para afirmar la unidad en la diversidad, la pluralidad, la reciprocidad y el respeto mutuo, son algunas tendencias positivas que han cobrado fuerza a nivel mundial. Hay diálogos entre las grandes religiones del mundo con espacios para compartir, aprender y proponer una ética mundial por la paz. Aquí el énfasis no es tanto convencer o convertir, sino coincidir y promover procesos de paz y entendimiento que detengan la violencia entre los sistemas religiosos y su incidencia en la vida social y política de las naciones. Este énfasis ha recorrido todo el análisis del libro.

Estamos convencidos que en las iglesias y en el movimiento ecuménico la cuestión de la unidad no se puede resolver por la convivencia pasiva y el consenso superficial. Hay conflictividades profundas, como ya se apuntó, que no se resuelven meramente a nivel de la buena voluntad personal.

Lo que hemos compartido aquí es un testimonio que tiene como su eje central dos convicciones que hacen del peregrinaje ecuménico una aventura valiosa: el compartir y el aprender. Cuando hablamos de unidad cristiana, y la expresamos como vocación ecuménica, el énfasis debe ponerse en la apertura humilde al diálogo, a la convivencia y al seguimiento evangélico. Hace años aprendí una frase muy ilustrativa sobre el tema, que dijera Jürgen Moltmann: "ecumenismo al pie de la cruz". Es en el discipulado ecuménico que se puede aspirar a la unidad, que es siempre don e iniciativa de Dios.

Glosario

Anabautista. Movimiento que surgió de la Reforma Protestante liderada por Martín Lutero en Alemania, que inconforme con las posturas conciliadoras de Lutero y sus seguidores, propugnó una reforma radical que entre otras cosas resaltaba la pureza moral, una ética personal rigurosa y disciplinada, y la afirmación que sólo el bautismo de creyentes adultos era válido.

Comity. Es un término técnico que significa acuerdo, y que fue adoptado por las juntas misioneras protestantes en el siglo XIX. El principio fundamental es el acuerdo sobre la partición, distribución y delimitación de los territorios donde se estableció inicialmente la obra misionera protestante. Los acuerdos propiciaron una mayor cooperación ecuménica en algunos países, aunque siempre persistieron la competencia y la división en muchos países. El Plan de Cincinnati de 1914 fue el más notorio de estos acuerdos para Latinoamérica y el Caribe.

Cooperación ecuménica. Término técnico que vino a ser un lugar común en el movimiento ecuménico para resaltar el compartir de recursos económicos, humanos, estratégicos y programáticos, en función de un proceso de coordinación y colaboración más efectivo entre las iglesias, las agencias ecuménicas y las organizaciones no gubernamentales a nivel internacional.

Contextualización. Concepto que cobró mucha fuerza en círculos ecuménicos en el siglo XX y que enfatiza la necesidad de tomar en serio la realidad cultural, económica, política y social para la reflexión teológica, incorporando la importancia de la fuente bíblica y su interpretación como sustento esencial de ese proceso.

Crecimiento. Concepto que se aplica a corrientes que desean explicar la naturaleza y el crecimiento de la iglesia. Se le denominó iglecrecimiento. La discusión sobre el tema ha llevado a muchas controversias que van desde la expansión numérica de la iglesia hasta la profundidad en la evangelización. Parte de la controversia giró en torno al desafío del discipulado y las implicaciones éticas del evangelio.

Desarrollo. Concepto que en su multiplicidad de significados e interpretaciones ofrece perspectivas para comprender la realidad ecológica, económica, política, religiosa y social.

Dios. Doctrina que surge del judaísmo y que es parte esencial del cristianismo. Entre sus principios básicos están la unicidad de Dios, manifestada a través del monoteísmo ético. Dios es amor manifestado a la humanidad en múltiples imágenes y formas, que exige una respuesta y una conducta que le agrade. Todo lenguaje sobre Dios es siempre tentativo y limitado, y debe advertir contra toda idolatría. La formulación de metáforas que ayuden a comprender quién es Dios, y su relación con su creación, es un intento humano deseable.

Ekklesía. Palabra griega que significa "asamblea" y que fue utilizada por las primeras generaciones de cristianos para enfatizar el carácter comunitario de su convivencia en la fe.

Evangelicalismo. Anglicismo que se usa comúnmente en Latinoamérica y el Caribe para designar un movimiento evangélico en Inglaterra y Estados Unidos, particularmente fuerte en el siglo XIX. Su énfasis en la experiencia personal y el afecto espiritual como expresiones de la vida de fe fueron ideas sobresalientes. Otro énfasis fundamental era la evangelización acompañada de una invitación a la ética rigurosa, fruto de un nuevo renacer de la persona. Insistía en la autoridad absoluta de las Escrituras, la obra expiatoria de Cristo en la cruz y el nacimiento virginal de Cristo. Algunos sectores dentro del movimiento asumieron posturas progresistas, particularmente en el área del servicio social, complementada con lo que denominaron la "misión integral".

Globalización. Es una dimensión que trasciende la realidad local, asumiendo que se vive en un mundo interconectado, dominado por el flujo de la información, la imagen virtual, la tecnología avanzada, el predominio del capital financiero a escala mundial y el intento de borrar las fronteras nacionales y proclamar que se vive una aldea global.

Interculturalidad. Concepto que intenta asumir la discusión sobre la relación entre las culturas y las religiones a partir de un principio de reciprocidad y diálogo que supere todas las barreras, imposiciones, paternalismos y prejuicios raciales, antropológicos y políticos.

Kenosis. Palabra tomada de Filipenses 2. El abajamiento o vaciamiento voluntario de Jesucristo, encarnándose en la condición humana hasta la humillación en la cruz, para elevar y revertir aquella condición de pecado a una relación armoniosa con Dios.

Koinonía. Término bíblico que puede traducirse como hermandad, compañerismo, compartimiento, comunión. En el movimiento ecuménico se ha llegado a relacionar la koinonía con la solidaridad, particularmente con los pobres y marginados, y como comunión entre las iglesias hacia una comunidad conciliar. El énfasis es el vínculo de amor en Jesucristo, a través del Espíritu Santo.

Milenarismo. Literalmente quiere decir que contiene un millar. Propugna básicamente el advenimiento de un período histórico y utópico de mil años de paz y felicidad. Se subdivide entre los premilenaristas, que creen que este período vendrá después de la segunda venida de Cristo, y los postmilenaristas, que creen en el retorno de Cristo después del milenio.

Misiones de fe. Sociedades misioneras voluntarias, influidas por el pietismo y las corrientes evangelicales en Inglaterra y Estados Unidos. Su énfasis primordial ha sido el autosostén de los misioneros y el trabajo en proyectos educativos, médicos y de diversos servicios sociales. La fundación de iglesias evangélicas independientes es también una característica de su obra misionera. Han colaborado con otras misiones e iglesias al nivel interdenominacional en muchos países.

Misión integral. Concepto que intenta proclamar un evangelio integral, que incluye la esfera espiritual y la material, con un énfasis en el señorío de Jesucristo sobre toda la realidad humana y toda la creación. Se insiste que el reinado de Dios es la manifestación más evidente del amor de Dios hacia todo lo creado, en medio de la historia.

Oikía. Término griego que significa la familia que habita en la casa. Oikos. Término griego que significa casa.

Pacto. Concepto bíblico que enfatiza la relación entre Dios y la humanidad. Se subraya que dicha relación es iniciativa del amor de Dios. El término ha sido utilizado para elaborar doctrinas y principios teológicos, particularmente en la teología reformada. En el movimiento ecuménico del siglo XX se destacó el concepto para ilustrar la hermandad, el compañerismo y la cooperación en la búsqueda de unidad.

Pax Romana. Conceptos utilizados para expresar el dominio político, social, económico y geográfico del imperio romano, que según se imaginaba había traído la paz al mundo. La idea es subrayar el orden y la estabilidad que imperaba y el entorno donde se desarrollaban todas las actividades culturales y religiosas. El cristianismo se originó y creció en ese entorno.

Pluralidad. Concepto filosófico que advierte contra el reduccionismo y la imposición de un sólo principio como realidad última. Se enfatiza la diversidad en las culturas y las religiones. Se denuncia que toda uniformidad es un atentado contra la unidad en la diversidad y la búsqueda de la verdad. Las implicaciones para la teología son la afirmación del antiguo axioma: en lo esencial unidad, en lo no esencial libertad y en todas las cosas, amor.

Religión civil. Combinación de elementos ideológico-religiosos, particularmente en los Estados Unidos. Su manifestación más influyente ha sido la doctrina del "destino manifiesto", que insiste en que el pueblo norteamericano es el nuevo pueblo escogido de Dios al que se le ha otorgado la bendición de vivir en una nueva tierra prometida para bendición del resto de la humanidad. Parte de su base teológica viene de la teología puritana del pacto y la elección divina. La insistencia reside en reclamar un pacto nacional, proclamando que los Estados Unidos son una nación cristiana. De allí se concluye que los Estados Unidos deben, como nación poderosa, ejercer su influencia en el mundo.

Restauración. Concepto originalmente bíblico que enfatiza la restauración del pueblo de Dios. En el siglo XIX se hizo prominente en el llamado "movimiento de restauración" que constituyó una fuerza moral, espiritual y eclesial, creando nuevas comunidades de fe que insistían en volver a la fuente bíblica, particularmente el Nuevo Testamento, como la base fundamental y patrón a seguir para la fe y practica de la iglesia.

Sacramento. Es un signo exterior y visible de una gracia interior e invisible, por la obra de la gracia en la persona creyente (según lo define San Agustín). Esta definición influyó grandemente en el desarrollo de una doctrina sacramental en la Iglesia Católica Romana. En la Edad Media se fijó el concepto insistiendo en el principio ex opere operato, que subraya la confianza puesta en Dios y en la eficacia del sacramento sobre todas las circunstancias y situaciones, teniendo como objetivo los beneficios que se obtienen. La Reforma Protestante del siglo XVI enfatizó la relación estrecha entre Palabra y sacramento, rechazando la teoría de la transubstanciación, aunque en mayor o menor grado insistiendo en la presencia real de Cristo en la Cena. Se mantuvieron solamente el bautismo y la Cena del Señor como sacramentos válidos.

Shema. En hebreo significa literalmente "oye". Es la primera palabra de una breve oración que expresa la siguiente confesión: "Oye, Israel, Jehová nuestro Dios, Jehová, uno es" (Dt 6:4). El shema ocupa un lugar prominente en la piedad judía, y tiene su equivalencia en la frase "Padre Nuestro" en el Nuevo Testamento.

Trinidad. Doctrina sobre Dios que insiste en su unidad en la diversidad. El énfasis fundamental es que Dios existe eternamente en tres personas, Padre, Hijo y Espíritu Santo. La doctrina cobró gran pertinencia en la discusión ecuménica del siglo XX, insistiéndose en su carácter relacional, amoroso y como modelo a seguir para promover unidad, justicia, pluralidad y libertad en las relaciones humanas.

Bibliografía

Álvarez, Carmelo. 1991. Una iglesia en diáspora. Apuntes para una eclesiología solidaria. San José: DEI.

_____. 2007. Alborada de tiempos fecundos. Una teología ecuménica y pentecostal. Quito: CLAI.

_____. 2007. Compartiendo la Misión de Dios. Discípulos y pentecostales en Venezuela. Quito: CLAI.

Alves, Rubem, Dias, Zuinglio, et al. 1981. Reconciliación y mundo nuevo. Buenos Aires: Tierra Nueva.

Bautismo, Eucaristía, Ministerio. Sin fecha. Trad. María Colom. Barcelona: Ediciones de la Facultad de Teología de Barcelona.

Brakemeier, Gottfried. 2008. Preservando la unidad del Espíritu en el vínculo de la paz. Trad. Daniel Oliva. Quito: CLAI.

Burggraf, Jutta. 2003. Conocerse y comprenderse. Una introducción al ecumenismo. Madrid: Ediciones Rialp.

Buss, Theo. 1996. El movimiento ecuménico en la perspectiva de la liberación. Quito-La Paz: Editorial Hisbol-CLAI.

Casalis, Georges. 1989. Protestantismo. Trad. Violaine de Santa Ana. Managua: CIEETS.

Comblin, José. 1987. Teologia da Reconciliação: Ideologia ou Reforço da libertação. Petrópolis: Vozes.

De Santa Ana, Julio. 1987. Ecumenismo y liberación. Buenos Aires: Ediciones Paulinas.

Deiros, Pablo A. 1997. Diccionario hispano-americano de la misión. México: COMIBAM Internacional.

Fornet-Betancourt, Raúl. 2007. Interculturalidad y religión. Para una lectura intercultural de la crisis actual del cristianismo. Quito: Ediciones Abya-Yala.

Gallego Coto, Anastacio. 1997. Bases para una teología de la cooperación ecuménica. Quito: CCLA.

Goodall, Norman. 1961. El movimiento ecuménico. Trad. Marcelo Pérez Rivas. Buenos Aires: La Aurora.

González Doble, Esteban y Barbosa Fernando, eds. 2001. Una iglesia para ser y hacer discípulos. Bayamón: ICDC.

González, Justo. 2004. "Confesar la catolicidad: Tarea urgente del siglo veintiuno" en Guillermo Hansen, ed. El silbo ecuménico del Espíritu. Homenaje a José Míguez Bonino en su 80 años. Buenos Aires: ISEDET.

_____. 2007. Breve historia de las doctrinas cristianas. Nashville: Abingdon Press.

Juan Pablo II. 1995. La unidad de los cristianos. Carta encíclica "Ut unum sint". Madrid: BAC.

King, Martin Luther, Jr. Stride Toward Freedom. The Montgomery Story. 2010. Boston: Beacon Press.

Küng, Hans. 2000. Proyecto de una ética mundial. Trad. Gilberto Canal Marcos Madrid: Editorial Trotta.

Lonning, Per, Casalis, Georges, et al. 1975. El futuro del ecumenismo. Trad. Nélida M. de Machain. Buenos Aires: La Aurora.

Mifsud, Tony. 1988. La reconciliación: Implicaciones éticas. Santiago: Ediciones Paulinas.

Partnership in Mission: The United Church of Christ in the Philippines. 1991. Quezon City: Ecumenical and International Relations Desk.

Romero, Daniel F. 1995. Nuestros futuros en vínculos entretejidos. Una visión del pluralismo. Cleveland: UCBHM.

Sabanes Plou, Dafne. 1994. Caminos de unidad. Itinerario del diálogo ecuménico en América Latina 1916-1991. Quito: CLAI.

Sampedro, Francisco. 1988. Manual de ecumenismo. Iglesias cristianas y pastoral ecuménica. Santiago: Ediciones Paulinas.

Schaff, Adam. 1991. Humanismo ecuménico. Madrid: Editorial Trotta.

Streiter, Robert. 1997. The New Catholicity. Theology between the Global and the Local. Maryknoll: Orbis Books.

Vercruysse, Jos E. 1993. Introducción a la teología ecuménica. Trad. Jesús Bengoechea. Navarra: Editorial Verbo Divino.

Warford, Malcolm. 1991. Nuestros llamados. La vocación como tema de reflexión permanente en la educación. Trad. Carmen Margarita Díaz. Cleveland: UCBHM.

LaVergne, TN USA
07 October 2010
199847LV00004B/4/P